Marieluise Christl-Licosa

Preiswert kochen – gut essen

**Verlockende Rezepte
für Vorspeisen,
Suppen, Hauptgerichte
und Desserts**

GU
Gräfe und Unzer

Umschlag-Vorderseite
Das Tiroler Bauerngröstl ist eine ideale Resteverwertung von gekochtem Rindfleisch. Mit einem Spiegelei kann man das beliebte Gericht zusätzlich anreichern. Rezept Seite 18.
2. Umschlagseite
Nach der klassischen Zubereitung kocht man Ratatouille aus Auberginen, Zucchini, Paprikaschoten und Tomaten. Man kann den beliebten französischen Gemüsetopf je nach Jahreszeit jedoch auch variieren. Rezept Seite 16.
3. Umschlagseite
Das römische Hühnerragout (Rezept Seite 43) erhält sein besonderes Aroma durch Gemüse, Speck und die pikante Tomatensauce.

CIP-Kurztitelaufnahme der Deutschen Bibliothek
Christl-Licosa, Marieluise:
Preiswert kochen - gut essen: verlockende Rezepte für Vorspeisen, Hauptgerichte, Desserts u. Kuchen/Marieluise Christl-Licosa. - 2. Aufl. - München: Gräfe und Unzer, 1987

ISBN 3-7742-1416-6

2. Auflage 1987

Redaktion: Doris Birk
Herstellung: Helmut Giersberg
Farbfotos: Fotostudio Teubner
Zeichnungen: Gerlind Bruhn
Umschlaggestaltung: Heinz Kraxenberger
Satz und Druck: Appl, Wemding
Reproduktionen: Brend'amour, Simhart & Co.
Bindung: R. Oldenbourg

ISBN 3-7742-1416-6

Marieluise Christl-Licosa
ist in Tirol geboren und aufgewachsen. Mit ihrem Mann und den vier Söhnen lebte sie viele Jahre in Mailand und ist jetzt in Deutschland zu Hause. Aus der Pflicht, für ihre große Familie preiswert zu kochen, entwickelte sich bald ein Hobby. Auf zahlreichen Reisen sammelte Frau Christl-Licosa viele Rezepte aus erster Hand, darunter viele von Landfrauen vor allem auch in Österreich und Italien. Im selben Verlag sind von ihr die Küchen-Ratgeber »Echt italienisch kochen«, »Nudel-Variationen« und »Pizza, Calzone und Focaccia« erschienen.

Sie finden in diesem Buch

Wenn nicht anders angegeben, sind alle Rezepte für 4 Personen berechnet.

Ein Wort zuvor

Preiswert kochen heißt, verhältnismäßig billig und dabei doch gut kochen. Daß man ausgezeichnet essen kann, ohne dafür viel Geld ausgeben zu müssen, habe ich vor allem bei meinem Studium der italienischen Küche gelernt. Ihre mit Recht so beliebten Spezialitäten stammen aus einer Zeit, als man in den Großfamilien mit viel Phantasie und kulinarischem Gespür aus einfachen Zutaten immer wieder neue Gerichte entwickeln mußte, um die zahlreichen Mitglieder zufriedenzustellen. Ein Blick in die Kochtöpfe anderer Nachbarländer lehrte mich, daß dort diese Aufgabe ebenfalls mit Geschick bewältigt wurde. Auch bei uns hat man früher im Alltag die sogenannte Hausmannskost bevorzugt. Aus preiswerten Nahrungsmitteln kochten unsere Großmütter mit großer Sorgfalt Gerichte, von denen ihre Enkel heute noch schwärmen.

Diese Erfahrungen haben mich dazu angeregt, schlichte, bodenständige Rezepte zu sammeln. Der Lebensmittelmarkt bietet einen derartigen Überfluß an Angeboten, daß immer mehr Menschen darauf verzichten, diese wahllos zu konsumieren. Sie ziehen es vor, sich einfach und gut zu ernähren. Junge Leute werden heutzutage sehr früh selbständig. Trotz des oft schmalen Budgets möchten sie gerne Freunde einladen und gut bewirten. Da muß scharf kalkuliert werden und darum sind die preiswerten und doch aparten Spezialitäten aus anderen Ländern bei ihnen besonders beliebt.

In diesem Buch finden Sie Salate, die sich sowohl als Vorspeise für ein Menü wie auch als Bereicherung eines kalten Buffets verwenden lassen. Kräftige Suppen reicht man mittags, ergänzt durch eine Süßspeise, als komplette Mahlzeit oder als herzhaften Mitternachtsimbiß. Köstliche Gemüse-, Kartoffel- oder Reisgerichte, besonders jedoch Spezialitäten, die aus Eiern zubereitet werden, können gut und gerne einen Fleischgang ersetzen. So finden also auch Vegetarier viele interessante Rezepte. Die Fisch- und Fleischgerichte sind so originell und reizvoll, daß sie auch zur Bewirtung von Gästen gut geeignet sind. Die Süßspeisen schließlich stammen aus Österreich, einem Land, wo man wenigstens einmal in der Woche eine »Mehlspeis« als Hauptgericht serviert.

Die brillanten Farbfotos zeigen verlockende Gerichte, die man leicht zubereiten kann. Ist die Ausführung etwas schwieriger, wird sie in Schritt-für Schritt-Fotos deutlich gezeigt. Tips und Zeichnungen bieten zusätzlich interessante Informationen.

Will man preiswert kochen, muß man kritisch einkaufen, Preisvergleiche anstellen und besonders Sonderangebote nutzen. Für die Fleischgerichte brauchen Sie vorwiegend billige Fleischsorten und -stücke. Wird teure Qualität verwendet, sind die Mengen so klein, daß die Haushaltskasse nicht stark belastet wird.

Also: Umsicht beim Einkauf und Sorgfalt bei der Zubereitung, mehr brauchen Sie nicht, um preiswert und doch gut kochen zu können. Viel Spaß dabei wünscht Ihnen

Ihre Marieluise Christl-Licosa

Rund um den Einkauf

Das preiswerte Kochen beginnt natürlich mit dem preiswerten Einkaufen. Wie wird man aber vom großzügigen Konsumenten zum preisbewußten Verbraucher? Zunächst einmal sollte man seine Einkaufsgewohnheiten überprüfen. Zählt man zu den Menschen, die, ohne zu wissen, was sie kochen wollen, spontan ein Geschäft betreten, in der Erwartung, die einladenden Regale würden die Phantasie beflügeln? Diese finden sich meist mit vollgepacktem Einkaufswagen an der Kasse wieder und hoffen, der Inhalt des Geldbeutels möge reichen. Oder gehört man vielleicht dem Personenkreis an, der kurz vor Ladenschluß ziemlich wahllos das Nötigste zusammenrafft, um dann beim Auspacken mißvergnügt festzustellen, wie wenig man eigentlich für sein gutes Geld bekommen hat?

Beide Verhaltensweisen führen nicht zum gewünschten Erfolg, denn kritisch einkaufen fängt schon zu Hause an. Es empfiehlt sich, einen Wochenspeiseplan aufzustellen und gleichzeitig eine Einkaufsliste anzulegen. Die Grundnahrungsmittel sollte man immer in größerer Menge und dann einkaufen, wenn man genügend Zeit hat, die Preise in zwei oder drei Geschäften zu vergleichen. Dabei ist es wichtig, bei abgepackten Lebensmitteln auf die Gewichtsangaben zu achten. Konserven beispielsweise unterscheiden sich, je nach der Menge der mitgepackten Flüssigkeit, bei gleicher Größe durch die Einwaage. Da man die Eßgewohnheiten der Familie kennt, wird man nur Zutaten für Gerichte kaufen, die man auch wirklich zubereitet. Verbrauchte Vorräte sollte man regelmäßig ergänzen; entsprechende Notizen helfen Zeit und Geld sparen.

Der kritische Käufer wird natürlich Sonderangebote beachten. Dabei ist es von Vorteil, Annoncen in der Zeitung oder die Postwurfsendungen in Ruhe zu studieren. Wenn man sie geschickt auswertet, kann man zum Beispiel oft den Fleischbedarf für die ganze Woche sehr günstig einkaufen. Bei Billigangeboten muß man sich jedoch bewußt sein, daß diese meist nur als »Lockvogel« dienen, reguläre Waren im selben Geschäft aber zu ganz normalen Preisen verkauft werden. Vorsicht ist auch bei »Wühltischen« angebracht. Große Preisschilder sind keine Gewähr für günstigen Einkauf. Der Vergleich mit der Ware im Regal belehrt oft eines Besseren. Interessante Einkaufsquellen sind manchmal die Tiefkühltruhen der Supermärkte nach bestimmten Feiertagen. Gänse, Puten, Enten und Wild sind oft preiswert nach Weihnachten oder Kirchweih zu haben. Da sich gespicktes Wild wegen des fetten Specks nur sehr begrenzt hält, wird es oft vor Ablauf der Haltbarkeitsfrist billiger angeboten. Das Gleiche gilt auch für tiefgefrorene Forellen. Milchprodukte kann man aus demselben Grund verbilligt einkaufen. Man muß aber das Verfallsdatum kontrollieren und nur so viel Ware mitnehmen, wie man innerhalb der angegebenen Frist verbrauchen kann. Allerdings halten sich gerade Milchprodukte noch einige Tage über das Mindesthaltbarkeitsdatum hinaus.

Daß man sich bei der Planung des preiswerten Speisezettels an Produkte hält, die gerade Saison haben, muß wohl nicht besonders betont werden. Das jahreszeitgemäße Angebot ist nicht nur preisgünstiger, es schmeckt auch besser, denn selbst teure Erdbeeren haben im Winter kein Aroma, und »garantiert schnittfeste Importtomaten« sind im Februar keine geschmackliche Alternative zu einer schönen gelben Endivienstaude. Folgt man nicht mehr dem natürlichen Rhythmus von Pflanzen und Ernten, bringt man sich auch um kulinarische Höhepunkte im Laufe des Jahres.

Nach diesen Überlegungen dürfte es kein Problem mehr sein, eine vernünftige Einkaufsliste zu schreiben. Allerdings sollte man sich dann im Geschäft möglichst daran halten. Dazu vielleicht noch einen guten Rat, den ich einem unserer Söhne verdanke: Man gehe nie mit knurrendem Magen zum Einkaufen, sonst verliert man zu leicht die Kontrolle, mit dem Ergebnis, daß man mehr einkauft, als man ursprünglich vorhatte.

Krautsalat mit Speck

1 kleiner Weißkohl (etwa 600 g) · Salz · weißer Pfeffer, frisch gemahlen · knapp 1 Teel. Kümmel · 2 Eßl. Öl · 130 g durchwachsener Räucherspeck · 2–3 Eßl. Essig
Pro Person etwa 1156 Joule/275 Kalorien
5 g Eiweiß · 25 g Fett · 7 g Kohlenhydrate

- Zubereitungszeit: 20 Minuten

So wird's gemacht: Vom Weißkohl die welken Blätter entfernen. Den Kopf waschen, vierteln, den Strunk keilförmig herausschneiden. Den Kohl feinhobeln und anschließend salzen. Mit beiden Händen fest drücken, damit er weicher und saftig wird. Mit frisch gemahlenem Pfeffer und dem Kümmel würzen. • Den Speck in kleine Würfel schneiden. In einem Pfännchen das Öl erhitzen, den Speck darin knusprig braten, den Essig dazugießen. Heiß über den Krautsalat geben und gut mischen.

Sardinensalat

1 Dose Ölsardinen · 1 Eisberg- oder Kopfsalat (etwa 300 g) · 1 kleine Zwiebel · 1 Bund Radieschen · 2 Eßl. Weinessig · Salz · ½ Teel. edelsüßer Paprika · 4 Eßl. Öl
Pro Person etwa 650 Joule/155 Kalorien
1 g Eiweiß · 15 g Fett · 3 g Kohlenhydrate

- Zubereitungszeit: 20 Minuten

So wird's gemacht: Die Sardinen abtropfen lassen, dann die Mittelgräte entfernen. Die Hälften in Stücke schneiden. • Den Salat von den äußeren welken Blättern befreien. Die Blätter lösen, waschen, in einem frischen Küchentuch trockentupfen oder trockenschleudern und in Streifen schneiden. • Die Zwiebel schälen und in sehr feine Ringe schneiden. Von den Radieschen den Wurzel- und den Stielansatz entfernen. Die Radieschen gründlich waschen und in Scheibchen schneiden. • In einer Salatschüssel den Essig, Salz und den Paprika so lange verrühren, bis sich das Salz aufgelöst hat. Das Öl dazugießen und mit dem Schneebesen weiterrühren, bis eine sämige Sauce entsteht. Den Salat, die Zwiebel und die Radieschen in die Schüssel geben und gut mit der Sauce mischen. Die Sardinenstücke unterheben. Sofort servieren.

Portugiesischer Muschelsalat

500 g festkochende Kartoffeln · 1 Bund Petersilie · 1 Glas trockener Weißwein · Salz · 2 Zweige Basilikum · 1 Zwiebel · 2 Knoblauchzehen · 1 kg Miesmuscheln · 1 Eßl. Kapern · 3 kleine scharfe Essiggurken (Cornichons) · 6 Eßl. Salatmayonnaise · 1 Teel. scharfer Senf
Pro Person etwa 1790 Joule/430 Kalorien
32 g Eiweiß · 18 g Fett · 30 g Kohlenhydrate

- Zubereitungszeit: 1 Stunde
- Ruhezeit: 30 Minuten

So wird's gemacht: Die Kartoffeln gründlich waschen, zugedeckt bei schwacher Hitze in Wasser (am besten im Dämpfeinsatz) garen. • Die Petersilie waschen, trockenschwenken und feinhakken. • Die Kartoffeln abgießen und bei ganz schwacher Hitze im offenen Topf kurz ausdämpfen lassen. Noch warm schälen und in Scheiben schneiden. In einer Schüssel mit dem Wein begießen, mit der Hälfte der Petersilie bestreuen. Mit Salz würzen. Leicht durchmischen. • Das Basilikum waschen, trockentupfen. Die Zwiebel und den Knoblauch schälen. Zusammen mit den Basilikumblättchen feinhacken. • Die Muscheln unter fließendem Wasser gründlich bürsten und den Bart entfernen. Bereits geöffnete Muscheln aussortieren und nicht verwenden. Das Feingehackte mit den Muscheln in einen schweren Topf geben. Bei starker Hitze so lange rühren, bis sich alle Schalen geöffnet haben. Muscheln, deren Schalen sich nicht geöffnet haben, nicht verwen-

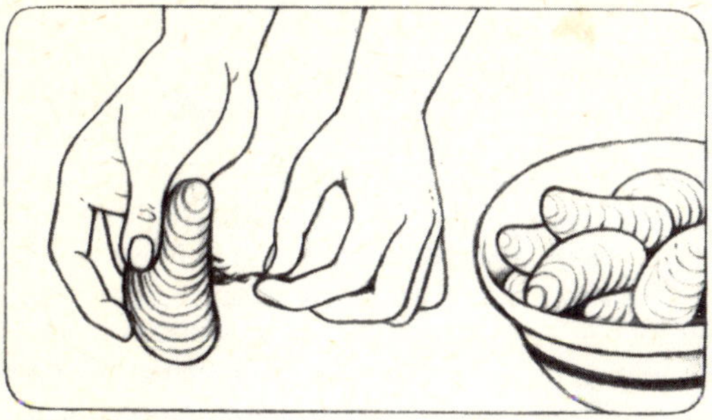

Bevor man sie kocht, müssen Muscheln gründlich gewaschen und »entbartet« werden.

den. Dann die Muscheln aus den Schalen lösen. Den Muschelsud abseihen. • Die Kapern und die Essiggurken zusammen kleinhacken. In einer kleinen Schüssel die Mayonnaise, 3 Eßlöffel Muschelsud, den Senf, die Kapern, die Essiggurken und den Rest der Petersilie gut verrühren. • In eine Salatschüssel eine Lage Kartoffelscheiben einfüllen. Etwas Sauce darübergeben und mit Muscheln belegen. Die Schichtung wiederholen, bis alle Zutaten aufgebraucht sind. Dann den Salat vorsichtig durchmischen. • Bei Zimmertemperatur 30 Minuten ziehen lassen.

Feiner Rindfleischsalat

2 Eier · 300 g gekochtes Rindfleisch · 2 Scheiben gekochte Pökelzunge (80 g) · 1 große Zwiebel · 2 Eßl. Weinessig · ¼ Teel. Salz · 1 Teel. scharfer Senf · schwarzer Pfeffer, frisch gemahlen · 5 Eßl. Öl · 2 Eßl. Kapern · Petersilie zum Garnieren

Pro Person etwa 1420 Joule/340 Kalorien
22 g Eiweiß · 23 g Fett · 2 g Kohlenhydrate

- Zubereitungszeit: 20 Minuten
- Ruhezeit: 30 Minuten

So wird's gemacht: Die Eier in 10 Minuten hartkochen, mit kaltem Wasser übergießen, schälen und achteln. • Das Rindfleisch und die Zunge in kleine Würfel schneiden. Die Zwiebel schälen und in feine Ringe schneiden. • Den Essig, das Salz, den Senf und Pfeffer in einer Salatschüssel verrühren, bis sich das Salz aufgelöst und sich der Senf mit dem Essig verbunden hat. Das Öl zugießen und mit dem Schneebesen so lange weiterrühren, bis eine sämige Masse entsteht. Mit den Kapern, den Fleisch-, den Zungen- und den Zwiebelwürfeln mischen. Zum Schluß die Eiachtel unterheben. • 30 Minuten ziehen lassen, dann mit zerpflückter Petersilie garniert servieren.

Bohnensalat mit Tomaten und Rindfleisch

1 Dose Borlotti- oder weiße Bohnen (400 g) · 1 Gemüsezwiebel · 2 kleine feste Tomaten · 1 Bund Schnittlauch · 1 Dose Rindfleisch (300 g) Saft von 1 Zitrone · Salz · weißer Pfeffer, frisch gemahlen · 4–5 Eßl. Öl

Pro Person etwa 2010 Joule/480 Kalorien
26 g Eiweiß · 28 g Fett · 31 g Kohlenhydrate

- Zubereitungszeit: 20 Minuten
- Ruhezeit: 30 Minuten

So wird's gemacht: Die Bohnen in einem Sieb gut abtropfen lassen. • Die Zwiebel schälen und in sehr feine Ringe schneiden. Die Tomaten waschen, achteln, dabei die grünen Stielansätze und die Kerne entfernen. Den Schnittlauch waschen, trockenschwenken und in Röllchen schneiden. • Das Fleisch aus der Dose stürzen und grob zerkleinern. • In einer Salatschüssel aus dem Zitronensaft, Salz, Pfeffer und dem Öl eine Sauce rühren. Diese gut mit den Bohnen mischen. Das Fleisch unterheben. • Den Salat mindestens 30 Minuten im Kühlschrank ziehen lassen. Mit dem Schnittlauch bestreut zimmerwarm servieren.

Variante: Bohnensalat mit kaltem Braten
Anstelle der Fleischkonserve würfelig geschnittene Reste von kaltem Braten verwenden.

Variante: Bohnensalat mit Thunfisch
1 Lauchstange putzen, gründlich waschen, trokkenschwenken und in dünne Scheibchen schneiden. 1 Bund gewaschene Petersilie feinhacken. 200 g Thunfisch aus der Dose zerpflücken. Das Thunfischöl in eine Salatschüssel geben. Mit 3-4 Eßlöffeln Öl, Salz, frisch gemahlenem Pfeffer, Zitronensaft und der gehackten Petersilie verrühren. Die gut abgetropften Bohnen, den Lauch und 2 Eßlöffel Kapern dazugeben. Gut mischen. Den Thunfisch unterheben. 30 Minuten ziehen lassen.

Bunter Nudelsalat

Dieser Salat begeisterte schon früher unsere Gäste, von denen wir zur Zeit unserer Studentenehe mehr hatten, als unserem Budget eigentlich zuträglich war.

200 g Gabelspaghetti (kleine Hörnchen) · 2 Eier · 1 grüne Paprikaschote · 2 kleine feste Tomaten · 1 kleine Zwiebel · 1 säuerlicher Apfel · 1 kleine Dose Erbsen-Karotten gemischt · 150 g Fleischwurst (Lyoner im Ring) · 150 g weißer Preßsack · 2 große Essiggurken · 5 Eßl. Mayonnaise aus dem Glas · 2 Eßl. Sahne · Salz · schwarzer Pfeffer, frisch gemahlen · 1 Eßl. edelsüßer Paprika · 1 Prise Muskatnuß, gerieben · 1 Schuß Worcestersauce · Petersilie zum Garnieren
Pro Person etwa 2770 Joule/660 Kalorien
21 g Eiweiß · 42 g Fett · 49 g Kohlenhydrate

- Zubereitungszeit: 30 Minuten
- Ruhezeit: 1 Stunde

So wird's gemacht: Die Nudeln in reichlich Salzwasser »al dente«, also bißfest, kochen. Die Eier hartkochen und mit kaltem Wasser überbrausen. • Inzwischen die Paprikaschote vierteln, die weißen Rippen und die Kerne entfernen. Die Schote waschen, abtrocknen und in feine Streifen schneiden. Die Tomaten waschen, von den grünen Stielansätzen befreien, abtrocknen und in Scheiben schneiden. Die Zwiebel schälen und in feine Ringe schneiden. Den Apfel schälen, achteln, vom Kerngehäuse befreien und in dünne Scheibchen schneiden. • Die Nudeln auf ein Sieb schütten, kurz mit kaltem Wasser abbrausen, gut abtropfen lassen. Das Gemüse aus der Dose ebenfalls abtropfen lassen. • Die Eier schälen, eines in Würfel, das andere in Scheiben schneiden. • Die Wurst enthäuten. Die Wurst, den Preßsack und die Essiggurken in kleine Würfel schneiden. • In einer Salatschüssel aus der Mayonnaise, der Sahne, Salz, frisch gemahlenem Pfeffer, dem Paprikapulver, der Muskatnuß und der Worcestersauce eine kräftig gewürzte Salatsauce rühren. • Die Nudeln, das Gemüse, das kleingewürfelte Ei, die Apfelscheibchen, die Wurst, den Preßsack und die Essiggurken dazugeben. Alles sorgfältig durchmischen. • 1 Stunde im Kühlschrank durchziehen lassen. Mit den Eischeiben und Petersilie garniert zimmerwarm servieren.

Die Gerstensuppe (Rezept Seite 13) ist in der alpenländischen Küche von alters her ein geschätztes Eintopfgericht. In Graubünden ist sie sogar zur kulinarischen Attraktion geworden. ▷

Saure Rädle

Hinter diesem drolligen Namen verbirgt sich eine würzige Kartoffelsuppe aus Backnang, einem Gerberstädtchen nahe bei Stuttgart.

4 große, festkochende Kartoffeln (etwa 600 g) · 60 g Butter oder Margarine · 2 Eßl. Mehl · 1 l Wasser · 8 Wacholderbeeren · 2 Gewürznelken · 1 Lorbeerblatt · 1 Brühwürfel für ½ l Flüssigkeit · Salz · schwarzer Pfeffer, frisch gemahlen · 1–2 Eßl. Essig
Pro Person etwa 1040 Joule/250 Kalorien
4 g Eiweiß · 13 g Fett · 30 g Kohlenhydrate

- Vorbereitungszeit: 20 Minuten
- Garzeit: 30 Minuten

So wird's gemacht: Die Kartoffeln schälen, waschen und in dünne Scheiben (Rädle) schneiden. • In einem Topf die Butter oder Margarine schmelzen lassen. Das Mehl darüberstäuben und so lange rühren, bis die »Schwitze« braun wird. Dann unter ständigem Rühren mit dem Schneebesen das Wasser angießen, weiterrühren bis die Suppe kocht. Mit den Wacholderbeeren, den Gewürznelken, dem Lorbeerblatt, dem Brühwürfel, Salz und Pfeffer würzen. • Die Kartoffelscheiben dazugeben, aufkochen lassen, dann bei schwacher Hitze zugedeckt etwa 30 Minuten garen. • Vor dem Servieren die Gewürze aus der Suppe nehmen, diese mit so viel Essig würzen, daß sie leicht säuerlich schmeckt.

◁ Die Bilder zeigen, von links nach rechts, wie ein Zwiebelgratin zubereitet wird (Rezept Seite 19). Die Zwiebelringe weich braten. Den Käse und die Kartoffeln in Scheiben schneiden, und eine gefettete Form mit den Kartoffelscheiben auslegen. Die Zwiebelringe und die Tomaten darüber verteilen und mit den Käsescheiben belegen. Den Gratin goldgelb backen.

Variante: Basler Mehlsuppe
80 g Mehl in 2 Eßlöffeln Fett unter Rühren kastanienbraun rösten. Mit 1½ l Fleischbrühe aufgießen. 45 Minuten zugedeckt bei schwacher Hitze kochen lassen. Nach Belieben geriebenen Emmentaler extra dazu reichen.

Sizilianische Blumenkohlsuppe

Giuseppina, meine italienische Zugehfrau, kocht Blumenkohlsuppe auf diese Art.

1 Zwiebel · 2 Knoblauchzehen · 50 g durchwachsener Räucherspeck · 4 Eßl. Olivenöl · 1 kleine Dose Tomaten (400 g) · 1 Blumenkohl · 1¼ l Fleischbrühe · 150 g Gabelspaghetti (kleine Hörnchen) · Salz · weißer Pfeffer, frisch gemahlen · 3 Eßl. Parmesan, frisch gerieben
Pro Person etwa 1800 Joule/430 Kalorien
16 g Eiweiß · 24 g Fett · 38 g Kohlenhydrate

- Vorbereitungszeit: 10 Minuten
- Garzeit: 45 Minuten

So wird's gemacht: Die Zwiebel und die Knoblauchzehen schälen und zusammen feinhacken. Den Speck in kleine Würfel schneiden. • In einem Topf das Öl erhitzen, die Zwiebel mit dem Knoblauch und den Speck dazugeben. Bei schwacher Hitze so lange braten, bis die Zwiebel goldgelb ist. • Dann die Tomaten mit dem Saft dazugeben. Die Tomaten mit einer Gabel zerdrücken. Zugedeckt bei schwacher Hitze 20 Minuten kochen lassen. • Inzwischen den Blumenkohl putzen, die harten Außenblätter und den Strunk entfernen. Die zarten Innenblätter und die Stiele feinschneiden. Den Kopf in Röschen zerteilen. Gut waschen und abtropfen lassen. • Die Fleischbrühe zu den Tomaten in den Topf gießen. Sobald sie kocht, den Blumenkohl dazugeben. Zugedeckt in etwa 15 Minuten nicht zu weich kochen. • Inzwischen die Nudeln in genügend Salzwasser »al dente«, also bißfest, kochen, abseihen, mit kaltem Wasser abbrausen, abtropfen lassen. Kurz in der fertigen Suppe ziehen lassen. • Mit Salz und frisch gemahlenem Pfeffer abschmecken. Den Parmesan unterrühren. Sofort servieren.

Variante: Klare Blumenkohlsuppe
Die Außenblätter und den Strunk von 1 Blumenkohl waschen. Mit 1 Bund Suppengrün zusammen kleinschneiden. 1¼ l Wasser angießen. Mit einem zerbröckelten Gemüsebrühwürfel würzen. Zugedeckt eine Brühe kochen. 1 feingehackte Zwiebel in 2 Eßlöffeln Öl weich braten. Mit der abgeseihten Brühe aufgießen. Die Blumenkohlröschen darin garen. Kurz vor Ende der Garzeit 1 Eßlöffel kleingehackte Estragonblätter untermischen.

Neapolitanische Brotsuppe

Dieses Rezept gab mir eine Neapolitanerin auf dem Zeltplatz. Sie war nämlich der Ansicht, meine toskanische Brotsuppe könne nichts taugen, weil man nur in Kampanien wirklich zu kochen verstünde. Dieses aparte Gericht hat noch kein Gast für Brotsuppe gehalten.

1½ l Fleischbrühe · 4–5 Knoblauchzehen · 3 Lorbeerblätter · 5 Eßl. Olivenöl · 150 g altbackenes Brot in dünnen Scheiben · Salz · schwarzer Pfeffer, frisch gemahlen · Muskatnuß, gerieben
Pro Person etwa 1150 Joule/270 Kalorien
3 g Eiweiß · 19 g Fett · 21 g Kohlenhydrate

- Vorbereitungszeit: 10 Minuten
- Garzeit: 1 Stunde

So wird's gemacht: Die Fleischbrühe erhitzen. • Die Knoblauchzehen schälen und feinhacken. Die Lorbeerblätter halbieren. In einem Topf das Öl heiß werden lassen, den Knoblauch kurz anbraten, er darf dabei nicht braun werden. Die Brotscheiben dazugeben und unter Rühren 5 Minuten mitbraten. Die heiße Brühe dazugießen. Die Lorbeerblätter in die Suppe geben. Zugedeckt bei schwacher Hitze kochen lassen, dabei ab und zu umrühren, damit die Suppe nicht anbrennt. • Vor dem Servieren die Lorbeerblätter entfernen. Die Suppe mit Salz, Pfeffer und einem Hauch Muskatnuß abschmecken. Dann kräftig mit dem Schneebesen verrühren, so daß sie eine gleichmäßige Konsistenz erhält.

Mein Tip Will man die Suppe ergiebiger haben, kann man mehr Brot verwenden.

Schwäbische Milzsuppe

1 Zwiebel · 1 Bund Petersilie · 2 Eßl. Butter oder Margarine · 2 Eßl. Mehl · 1 l Würfelbrühe · ½ Teel. getrockneter Majoran · 1 Lorbeerblatt · 300 g Rindermilz · 1 Teel. Butter · Salz · Pfeffer, frisch gemahlen
Pro Person etwa 850 Joule/200 Kalorien
9 g Eiweiß · 15 g Fett · 8 g Kohlenhydrate

- Vorbereitungszeit: 15 Minuten
- Garzeit: 30 Minuten

So wird's gemacht: Die Zwiebel schälen und in kleine Würfel schneiden. Die Petersilie waschen, trockenschwenken und feinhacken. • Die Butter oder Margarine in einem Topf leicht erhitzen, die Zwiebelwürfel darin glasig braten, dann die

Hälfte der Petersilie kurz mitbraten. Unter ständigem Rühren das Mehl anstäuben. Nach 5 Minuten mit der Brühe aufgießen und so lange rühren, bis die Suppe kocht. Mit dem Majoran und dem Lorbeerblatt würzen. Zugedeckt bei schwacher Hitze 30 Minuten kochen lassen. • Inzwischen die Milz waschen, trockentupfen. Der Länge nach halbieren und mit dem Messerrükken aus der Haut herausschaben. Kurz vor dem Servieren mit einem Schneebesen kräftig in die Suppe rühren, bis diese eine gleichmäßige Konsistenz hat. • Die Butter mit dem Schneebesen unterrühren. Mit Salz und frisch gemahlenem Pfeffer abschmecken. Das Lorbeerblatt entfernen. Die restliche Petersilie unterrühren.

Gerstensuppe mit Ochsenschwanz

Bild Seite 9

In den Alpenländern genießt die schmackhafte Gerstensuppe den besten Ruf. Leider haben viele keine gute Erinnerung an die etwas fade »Graupensuppe« der Nachkriegszeit. Kaufen Sie große Rollgerste (= Graupen) im Reformhaus. Probieren Sie dieses Rezept und Sie werden den »Blauen Heinrich« vergessen.

2 Zwiebeln · ½ kleine Sellerieknolle · 2 Karotten · 1 Petersilienwurzel · 750 g Ochsenschwanz · ½ Tasse Rollgerste (Graupen) · 2 kleine Lorbeerblätter · 8 Pfefferkörner · 2 Teel. Tomatenmark · 1¼ l Würfelbrühe · ½ Wirsingkohl (etwa 400 g) · 2 Kartoffeln · 1 Bund Dill · 1 Eßl. Butter oder Margarine · Salz · Pfeffer, frisch gemahlen

Pro Person etwa 2220 Joule/530 Kalorien
48 g Eiweiß · 28 g Fett · 20 g Kohlenhydrate

- Vorbereitungszeit: 30 Minuten
- Garzeit: 2 Stunden 15 Minuten

So wird's gemacht: Die Zwiebeln schälen. Den Sellerie schälen und waschen. Die Karotten und die Petersilienwurzel schaben und waschen. Alles in kleine Würfel schneiden. • Den Ochsenschwanz waschen. Das Fleisch mit dem Gemüse, der Gerste, den Lorbeerblättern, den Pfefferkörnern und dem Tomatenmark in einen Topf geben. Mit der Brühe aufgießen, umrühren. Aufkochen lassen, dann zugedeckt bei schwacher Hitze etwa 2 Stunden kochen lassen. • Inzwischen den Wirsingkohl putzen, die harten Außenblätter entfernen. Den Kohl 5 Minuten in kochendem Wasser blanchieren, dann abtropfen lassen. Halbieren, den Strunk keilförmig herausschneiden und den Kohl in fingerbreite Streifen schneiden. • Die Kartoffeln schälen, waschen und in Würfel schneiden. Den Kohl und die Kartoffeln zur Suppe geben. Mit dem Fleisch zusammen in etwa 15 Minuten gar kochen. • Den Dill waschen, trockenschwenken und feinhacken. • Das Fleisch aus der Suppe nehmen, leicht abkühlen lassen, entbeinen und in kleine Stücke schneiden. Mit dem Fett und dem Dill unter die Suppe mischen. Mit Salz und Pfeffer abschmecken. Die Lorbeerblätter vor dem Servieren entfernen.

Variante: Bündner Gerstensuppe
1 Zwiebel, 2 Karotten und 1 Stück Sellerieknolle in Würfel, 2 Stangen Lauch in Scheibchen schneiden. In 2 Eßlöffeln Fett anbraten. Mit 1¼ Liter Wasser aufgießen. ½ Tasse Graupen, 1 halbierten Kalbsfuß, 1 geräuchertes Schweinerippchen, 1 mit einer Nelke besteckte Zwiebel und 1 Lorbeerblatt dazugeben. Etwa 1½ Stunden garen. Vor dem Servieren die ganze Zwiebel und das Lorbeerblatt entfernen. Das Fleisch vom Knochen lösen, kleinschneiden und zur Suppe geben. 1 Eigelb mit 100 g Sahne und 2 Eßlöffeln Schnittlauchröllchen verrühren. Mit der Suppe mischen.

Tessiner Gemüsesuppe

1 Tasse getrocknete weiße Bohnen · 2 Zwiebeln · 2–3 Knoblauchzehen · 2 Stangen Lauch · 2 Karotten · ½ kleine Sellerieknolle · 1 Kohlrabi · 2–3 Kartoffeln · ¼ von einem kleinen Wirsingkohl · 1 Schweinefuß vom Metzger halbiert · 1 Bund Petersilie · 2 Zweige Basilikum · 1 Zweig Rosmarin oder 1 Messerspitze Rosmarinpulver · 2–3 Zweige Majoran · 2 Eßl. Öl · 200 g geräucherter Schweinebauch am Stück · 1½ l Würfelbrühe · 1 kleine Dose Tomaten (400 g) · Salz · schwarzer Pfeffer, frisch gemahlen · 100 g Reis oder Hörnchennudeln · Parmesan nach Belieben
Pro Person etwa 3500 Joule/830 Kalorien
35 g Eiweiß · 46 g Fett · 71 g Kohlenhydrate

- Quellzeit: 12 Stunden
- Vorbereitungszeit: 45 Minuten
- Garzeit: 1 Stunde 45 Minuten

So wird's gemacht: Die Bohnen 12 Stunden in Wasser einweichen. • Die Zwiebeln schälen und grobhacken. Die Knoblauchzehen schälen und in Scheibchen schneiden. Den Lauch von dunkelgrünen Blattspitzen und Wurzelansätzen befreien. Die Stangen längs teilen, unter fließendem Wasser waschen und in 3 cm dicke Stücke schneiden. Die Karotten schaben, waschen und in Scheiben schneiden. Den Sellerie, den Kohlrabi und die Kartoffeln schälen, waschen, dann in Würfel schneiden. Den Kohl von harten Außenblättern und dem Strunk befreien, waschen und in fingerbreite Streifen schneiden. • Den Schweinefuß gründlich waschen, dabei alle Knochensplitter sorgfältig entfernen. • Die Gewürzkräuter waschen, trockenschwenken und zusammen feinhacken. • In einem feuerfesten Topf, den man auch zum Servieren verwenden kann, das Öl erhitzen. Den Schweinebauch auf beiden Seiten gut anbraten, dann die Hitze verringern. Die Zwiebeln dazugeben und so lange mitbraten, bis sie weich, aber nicht gebräunt sind. Den Knoblauch und das Gemüse dazugeben. Etwa 10 Minuten unter Rühren weiterbraten. Mit der Brühe aufgießen. • Die Tomaten mit dem Saft, die Kräuter, den Schweinefuß und die abgetropften Bohnen in den Topf geben. Mit Salz und frisch gemahlenem Pfeffer würzen. Zugedeckt bei ganz schwacher Hitze, am besten im Backofen bei 180°, 1 Stunde und 30 Minuten garen. 15 Minuten vor Ende der Garzeit den Reis oder die Nudeln dazugeben. • Den Schweinebauch und den Schweinefuß aus der Suppe nehmen. Den Schweinebauch in Würfel schneiden. Den Schweinefuß entbeinen, das Fleisch zerkleinern und wieder in die Suppe geben. Vor dem Servieren noch kurz in der Suppe ziehen lassen. Nach Belieben den geriebenen Parmesankäse extra reichen.

Variante: Freiburger Rindfleischtopf
1½ l Wasser zum Kochen bringen. 1 geviertelte Zwiebel mit 2 Gewürznelken bestecken. 1 kleine Sellerieknolle putzen, waschen und in Streifen schneiden. 6 kleine Karotten schaben und waschen. 2–3 Lauchstangen waschen und in 3 cm große Stücke schneiden. 1 kleinen Wirsingkopf von den äußeren Blättern befreien, vierteln, waschen und den Strunk herausschneiden. 4 Kartoffeln schälen, waschen und vierteln. 600 g gewaschenes und abgetrocknetes Rindfleisch (Hochrippe oder Brust) in gulaschgroße Stücke schneiden. Fleisch und das Gemüse in das kochende Wasser geben. Mit 1 zerbröckelten Brühwürfel, Salz und frisch gemahlenem schwarzem Pfeffer würzen. Den Rindfleischtopf zugedeckt bei schwacher Hitze 1½ bis 2 Stunden (je nach Fleischqualität) garen.

Blumenkohl mit Speck

Blumenkohl hat im Frühling und im Herbst Saison. Dann sollte man die Sonderangebote beachten.

1 großer Blumenkohl · Salz · 100 g durchwachsener Räucherspeck · 2 Knoblauchzehen · 1 Bund Petersilie · 4 Eßl. Öl · weißer Pfeffer, frisch gemahlen
Pro Person etwa 1270 Joule/300 Kalorien
10 g Eiweiß · 24 g Fett · 11 g Kohlenhydrate

- Vorbereitungszeit: 25 Minuten
- Garzeit: 20 Minuten

So wird's gemacht: Vom Blumenkohl die grünen Blätter entfernen, den Strunk abschneiden, den Kohl in Röschen zerlegen und waschen. In Salzwasser in etwa 15 Minuten »al dente«, das heißt nicht zu weich kochen. • Inzwischen den Speck in kleine Würfel schneiden. Die Knoblauchzehen schälen und feinhacken. Die Petersilie waschen, trockenschwenken und kleinhacken. • Den Blumenkohl auf einem Sieb gut abtropfen lassen. • In einer weiten Kasserolle das Öl erhitzen, die Speckwürfel ausbraten. Den Knoblauch und den Blumenkohl dazugeben und bei schwacher Hitze so lange braten, bis der Kohl leicht Farbe bekommt. Mit Salz und Pfeffer abschmekken. Die Petersilie darüberstreuen. Mit Weißbrot servieren.

Varianten:

Blumenkohl mit Rührei
Den geputzten Blumenkohl in Röschen teilen, diese bißfest kochen. In einer Pfanne aus 6 Eiern Rührei zubereiten. Die abgetropften Blumenkohlröschen locker untermischen. Mit brauner Butter begießen. Mit frisch gemahlenem Pfeffer würzen. Mit gehackter Petersilie bestreuen.

Blumenkohl mit Sardellensauce
1 geputzten Blumenkohl in Salzwasser garen. 1 geschälte Knoblauchzehe, 1 Bund Petersilie und 4 Sardellenfilets zusammen ganz fein hakken. 2 hartgekochte Eier schälen und grob zerkleinern. Das Feingehackte in 3 Eßlöffeln Öl 5 Minuten leicht anbraten, die Eier dazugeben, mit Salz und frisch gemahlenem Pfeffer würzen. Zugedeckt kurz bei ganz schwacher Hitze ziehen lassen. Vor dem Servieren die Sauce auf dem abgetropften Blumenkohl verteilen.

Pilzgulasch

Braune Egerlinge und Champignons werden mit gutem Erfolg gezüchtet. Sie sind darum oft zu günstigen Preisen im Angebot.

800 g braune Egerlinge oder Champignons · 1 Zwiebel · 1 Bund Petersilie · 2 Eßl. Butter oder Margarine · Salz · 1 Teel. edelsüßer Paprika · knapp 1 Eßl. Mehl · 1 Tasse Weißwein · ⅛ l saure Sahne
Pro Person etwa 745 Joule/178 Kalorien
7 g Eiweiß · 10 g Fett · 12 g Kohlenhydrate

- Vorbereitungszeit: 15 Minuten
- Garzeit: 15 Minuten

So wird's gemacht: Die Pilzköpfe mit Küchenkrepp abreiben, die Stiele von oben nach unten schaben, die Enden abschneiden. Die Pilze gründlich abbrausen, trockentupfen und feinblättrig schneiden. • Die Zwiebel schälen und in dünne Ringe schneiden. Die Petersilie waschen, trockenschwenken und feinhacken. • In einer weiten Pfanne die Butter oder Margarine erhitzen, die Zwiebel und die Petersilie so lange bei schwacher Hitze braten, bis die Zwiebelringe weich, aber nicht gebräunt sind. Dann die Pilze dazugeben, bei mittlerer Hitze 5 Minuten braten. Mit Salz und dem Paprika würzen. Mit dem

Mehl bestäuben. Umrühren. Den Weißwein dazugießen. Zugedeckt bei schwacher Hitze 5 Minuten dünsten. Mit Semmelknödeln servieren.

Lescó

Lescó ist ein typischer ungarischer Gemüsetopf.

80 g fetter Räucherspeck · 1 große Zwiebel · je 250 g rote und grüne Paprikaschoten · 300 g Fleischtomaten · 2 Eßl. edelsüßer Paprika · Salz

Pro Person etwa 555 Joule/130 Kalorien
6 g Eiweiß · 7 g Fett · 10 g Kohlenhydrate

- Vorbereitungszeit: 15 Minuten
- Garzeit: 40 Minuten

So wird's gemacht: Den Räucherspeck in kleine Würfel schneiden. Die Zwiebel schälen und in dünne Ringe schneiden. Die Paprikaschoten vierteln, die weißen Rippen und die Kerne entfernen, die Schoten waschen, abtrocknen und in fingerbreite Streifen schneiden. • Die Tomaten kurz in kochendes Wasser tauchen, enthäuten, die Stengelansätze und die Kerne entfernen. Die Tomaten in Stücke schneiden. • In einer Kasserolle den Speck ausbraten. Die Zwiebelringe dazugeben und so lange mitbraten, bis sie goldgelb sind. Die Paprikastreifen dazugeben, kurz mitbraten. Die Tomaten untermischen. Mit dem Paprika und Salz würzen. • Zugedeckt bei schwacher Hitze in etwa 30 Minuten garen. Ab und zu umrühren. Mit Reis servieren.

Variante: Lescó mit Pilzen
Das Gemüse wie im Rezept angegeben, zubereiten. 250 g Pilze putzen, abtrocknen, blättrig schneiden und in 2 Eßlöffeln Fett bei starker Hitze 5 Minuten braten. Mit gehackter Petersilie und frisch gemahlenem Pfeffer würzen. Die Pilze mit dem Lescó mischen und noch 5 Minuten ziehen lassen. Mit Reis servieren.

Mein Tip Debrecziner oder Wiener Würstchen in dem Gemüse heiß werden lassen. Man kann auch kurz gebratenes Fleisch in dem Gemüse ein paar Minuten ziehen lassen, dann auf eine vorgewärmte Platte legen. Den Lescó darüber häufen. Reis mit Petersilie bestreut dazu servieren.

Ratatouille

Bild 2. Umschlagseite

Dieser würzige Gemüseeintopf stammt aus Südfrankreich. Er ist einfach zuzubereiten. Man kann ihn als Vorspeise, als Beilage zu kurz gebratenem Fleisch oder als Hauptgericht mit Reis oder Weißbrot servieren.

250 g Zwiebeln · 500 g Auberginen · 250 g kleine Zucchini · 250 g Paprikaschoten · 3 große reife Fleischtomaten · 2 Knoblauchzehen · ½ Tasse Öl · je ½ Teel. getrockneter Thymian und Oregano · Salz · weißer Pfeffer, frisch gemahlen · 1 Tasse Wasser

Pro Person etwa 1630 Joule/390 Kalorien
5 g Eiweiß · 32 g Fett · 20 g Kohlenhydrate

- Vorbereitungszeit: 30 Minuten
- Garzeit: 1 Stunde 30 Minuten

So wird's gemacht: Die Zwiebeln schälen und in Scheiben schneiden. Die Auberginen und die Zucchini waschen, die Blüten- und die Stielansätze entfernen. Die Früchte in ½ cm dicke Scheibchen schneiden. Die Paprikaschoten vierteln. Die weißen Rippen und die Kerne entfernen. Die Schoten waschen und in fingerbreite Streifen schneiden. • Die Tomaten kurz in kochendes Wasser tauchen, enthäuten, die Stengelansätze und die Kerne entfernen. Die Früchte in Würfel schneiden. • Die Knoblauchzehen schälen und feinhacken. • In einer Kasserolle das Öl erhitzen. Die Zwiebeln bei schwacher Hitze glasig werden lassen. Das Gemüse, die Kräuter und den Knoblauch dazugeben. Mit Salz und Pfeffer würzen. Gut mischen. Zugedeckt 10 Minuten schmoren lassen. • Das Wasser angießen. Das Gemüse bei ganz schwacher Hitze etwa 1 Stunde und 15 Minuten garen. Nach der Garzeit soll die Flüssigkeit zwar verdampft, das Gemüse aber nicht trocken sein. Man kann es heiß oder ausgekühlt mit Weißbrot servieren.

Variante: Neapolitanischer Gemüsetopf
250 g Zwiebeln mit 2 geputzten, in Scheibchen geschnittenen Selleriestangen anbraten. 3 Tomaten passiert dazugeben. 300 g Auberginen in Würfel, 300 g Zucchini in Scheibchen, 500 g Kartoffeln in Würfel und 300 g Paprikaschoten in Streifen geschnitten untermischen, sobald die Tomatensauce kocht. Mit Salz und 1 Messerspitze Peperoncino (kleine scharfe Paprikaschote) würzen. Zugedeckt bei schwacher Hitze etwa 1 Stunde garen.

Gefüllte Zucchini

Zucchini gedeihen mittlerweile auch in unseren Breiten so gut, daß mancher Hobbygärtner den reichen Erntesegen kaum verbrauchen kann. Meist fehlt es jedoch nur an geeigneten Rezepten, dieses Gemüse auf vielerlei Arten zuzubereiten.

50 g entrindetes Weißbrot · Milch zum Einweichen · 4 mittelgroße feste Zucchini · 1 Knoblauchzehe · 1 Bund Petersilie · 125 g Thunfisch aus der Dose · 6 Eßl. Öl · Salz · weißer Pfeffer, frisch gemahlen · 1 Zwiebel · 2 Eßl. Tomatenmark · 1 Tasse heißes Wasser
Pro Person etwa 1650 Joule/390 Kalorien
12 g Eiweiß · 30 g Fett · 18 g Kohlenhydrate

- Vorbereitungszeit: 45 Minuten
- Garzeit: 45 Minuten

So wird's gemacht: Das Brot in der Milch einweichen. Die Zucchini waschen, abtrocknen, die Blüten- und die Stielansätze entfernen. Die Früchte der Länge nach halbieren. Jede Hälfte mit einem scharfkantigen Teelöffel vorsichtig aushöhlen, dabei die Schalen nicht verletzen. •

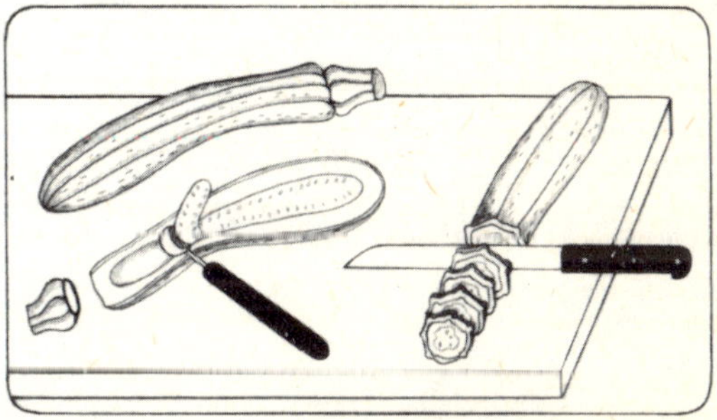

Zucchini werden nicht geschält. Man schneidet die gewaschenen Früchte in Scheiben oder höhlt sie aus.

Die Knoblauchzehe schälen. Die Petersilie waschen, trockenschwenken, mit dem Knoblauch und dem ausgelösten Fruchtfleisch der Zucchini zusammen feinhacken und in eine Schüssel geben. Mit dem gut ausgedrückten Weißbrot, dem zerkleinerten Thunfisch und 1 Eßlöffel Öl gut verrühren. Mit Salz und Pfeffer kräftig würzen. Die Zucchinihälften damit füllen. • Die Zwiebel schälen und feinhacken. • Den Backofen auf 180° vorheizen. • In einer flachen feuerfesten Form 3 Eßlöffel Öl erhitzen, die Zwiebel darin kurz anbraten. Das Tomatenmark mit dem heißen Wasser verrühren, dann in die Form geben.

Die Sauce aufkochen lassen. • Die gefüllten Zucchinihälften hineinlegen und mit dem restlichen Öl beträufeln. Die Gratinform mit Alufolie locker verschließen. • Die Zucchini im vorgeheizten Ofen in 40 Minuten weich dünsten. Kurz vor dem Servieren den Backofen auf 220° schalten, die Folie abnehmen und die Zucchini etwa 10 Minuten gratinieren, bis die Oberfläche knusprig ist.

Variante: Gebratene Zucchini
750 g vorbereitete Zucchini in kleine Würfel schneiden. 2 geschälte Knoblauchzehen feinhakken. Die Zucchiniwürfel mit dem Knoblauch in 2 Eßlöffeln Öl und 2 Eßlöffeln Butter oder Margarine unter Rühren bei starker Hitze so lange braten, bis sie gar sind. Mit Salz und frisch gemahlenem Pfeffer würzen. Mit gehackter Petersilie bestreut warm als Beilage oder ausgekühlt als Vorspeise servieren.

Béchamelkartoffeln

Bild Seite 28

Eine beliebte Beilage zu gekochten Würstchen, kurzgebratenem Fleisch oder Fisch.

750 g Kartoffeln · 1 Zwiebel · 100 g durchwachsener Räucherspeck · 1 Bund Dill · 1 Eßl. Butter oder Margarine · 1 Eßl. Mehl · ¼ l heiße Milch · 3 Eßl. Sahne · Salz · weißer Pfeffer, frisch gemahlen
Pro Person etwa 1220 Joule/290 Kalorien
9 g Eiweiß · 14 g Fett · 33 g Kohlenhydrate

- Vorbereitungszeit: 10 Minuten
- Garzeit: 45 Minuten

So wird's gemacht: Die Kartoffeln gründlich waschen, zugedeckt bei schwacher Hitze in wenig Wasser (am besten im Dämpfeinsatz) gar kochen, abgießen und bei ganz schwacher Hitze im offenen Topf kurz ausdämpfen lassen. • Inzwischen die Zwiebel schälen, in feine Ringe, den Speck in kleine Würfel schneiden. Den Dill waschen, trockenschwenken und feinhacken. • In einer Kasserolle die Butter oder Margarine zerlassen. Die Zwiebel und den Speck goldgelb braten. Das Mehl anstäuben und so lange rühren, bis dieses hellgelb wird. Unter ständigem Rühren mit dem Schneebesen nach und nach die heiße Milch dazugießen. Die Sauce bei schwacher Hitze 10 Minuten sanft kochen lassen, dabei ab und zu umrühren. • Inzwischen die Kartoffeln schälen, in Scheibchen schneiden. • Die Sahne unter die Sauce rühren. Mit Salz und Pfeffer würzen. Die Kartoffeln in der heißen Sauce kurz ziehen lassen. Mit dem Dill bestreut servieren.

Variante: Einfache Béchamelkartoffeln
Die Sauce ohne Zwiebel, Speck und Dill zubereiten. 2 Eßlöffel Butter oder Margarine, 2 Eßlöffel Mehl und ⅛ l Sahne verwenden.

Tiroler Bauerngröstl

Bild Umschlag-Vorderseite

750 g festkochende Kartoffeln · 1 große Zwiebel · 400 g gekochtes Rindfleisch · 3 Eßl. Butter oder Margarine · Salz · schwarzer Pfeffer, frisch gemahlen · 1 Teel. Majoran · 1 Lorbeerblatt · 2 Eßl. Fleischbrühe · etwas Essig · 1 Ei
Pro Person etwa 1890 Joule/450 Kalorien
25 g Eiweiß · 17 g Fett · 32 g Kohlenhydrate

- Vorbereitungszeit: 15 Minuten
- Garzeit: 45 Minuten

So wird's gemacht: Die Kartoffeln gründlich waschen, zugedeckt bei schwacher Hitze in Wasser (am besten im Dämpfeinsatz) gar kochen, abgießen und bei ganz schwacher Hitze im offenen Topf kurz ausdämpfen lassen. Noch heiß schälen, dann auskühlen lassen. • Die Zwiebel schälen und kleinhacken. Das Rindfleisch in kleine Würfel, die Kartoffeln in dünne Scheiben schneiden. • In einer weiten Pfanne die Butter oder Margarine erhitzen. Die Zwiebel darin goldgelb braten. Das Fleisch dazugeben. Mit Salz, Pfeffer, dem Majoran und dem Lorbeerblatt würzen, umrühren. Die Kartoffelscheiben dazugeben. Bei mittlerer Hitze unter häufigem Umrühren etwa 15 Minuten rösten, bis die Kartoffeln zu bräunen beginnen. • Die Brühe und 1 Spritzer Essig dazugeben. Umrühren und kurz ziehen lassen. Mit Krautsalat (Seite 6) servieren.

Mein Tip Man kann das Gröstl auch mit einem Spiegelei garnieren.

Kartoffelgulasch

80 g durchwachsener Räucherspeck · 250 g Zwiebeln · 1 Knoblauchzehe · ½ Teel. Kümmel · 1 Teel. getrockneter Majoran · 750 g Kartoffeln · 2 Eßl. Schweinefett oder Öl · 1 gehäufter Teel. edelsüßer Paprika · 1 Eßl. Weinessig · 1 Lorbeerblatt · 1 Eßl. Tomatenmark · etwa ½ l Fleischbrühe · 1 Bund Schnittlauch · Wiener- oder Räucherwürstchen nach Belieben · weißer Pfeffer, frisch gemahlen · Salz

Pro Person etwa 1300 Joule/310 Kalorien
8 g Eiweiß · 15 g Fett · 36 g Kohlenhydrate

- Vorbereitungszeit: 20 Minuten
- Garzeit: 25 Minuten

So wird's gemacht: Den Speck in kleine Würfel schneiden. Die Zwiebeln schälen und in dünne Ringe schneiden. Den Knoblauch schälen, mit dem Kümmel und dem Majoran zusammen feinhacken. Die Kartoffeln schälen, waschen und in »Gulaschwürfel« schneiden. • In einer Kasserolle das Fett erhitzen. Die Speckwürfel darin glasig braten. Dann die Zwiebeln dazugeben und so lange mitbraten, bis sie goldgelb sind. Die Kasserolle kurz vom Herd nehmen. Das Paprikapulver unterrühren, dann den Essig, das Lorbeerblatt, das Tomatenmark und den Knoblauch mit den Gewürzen dazugeben. Bei schwacher Hitze unter Rühren kurz durchziehen lassen. Die Kartoffelwürfel untermischen. Mit so viel Brühe aufgießen, daß diese knapp bedeckt sind. Zugedeckt in etwa 20–25 Minuten gar kochen. • Den Schnittlauch waschen, trockenschwenken und kleinschneiden. • Die Würstchen nach Belieben in dünne Scheiben schneiden und kurz vor Ende der Garzeit unter die Kartoffeln mischen. Das Gericht mit frisch gemahlenem Pfeffer und Salz abschmecken. Das Lorbeerblatt entfernen. Mit dem Schnittlauch bestreuen und mit frischem Salat servieren.

Zwiebelgratin

Bild Seite 10

1 kg Kartoffeln · 4 große Zwiebeln · 3 Eßl. Butter oder Margarine · 1 kleine Dose Tomaten (400 g) · 2 Knoblauchzehen · 250–300 g Emmentaler · Salz · weißer Pfeffer, frisch gemahlen · 1 Eigelb

Pro Person etwa 2600 Joule/620 Kalorien
27 g Eiweiß · 32 g Fett · 52 g Kohlenhydrate

- Vorbereitungszeit: 1 Stunde
- Garzeit: 15 Minuten

So wird's gemacht: Die Kartoffeln gründlich waschen, zugedeckt bei schwacher Hitze in wenig Wasser (am besten im Dämpfeinsatz) garen, abgießen und bei ganz schwacher Hitze im offenen Topf kurz ausdämpfen lassen. • Die Zwiebeln schälen und in dünne Ringe schneiden. • In einer Pfanne 2 Eßlöffel Butter oder Margarine erhitzen, die Zwiebeln bei schwacher Hitze braten bis sie weich, aber nicht gebräunt sind. • Die Tomaten abtropfen lassen, dann grob zerkleinern. Den Knoblauch schälen und feinhacken oder auspressen. Den Käse in dünne Scheibchen schneiden. Die Kartoffeln schälen und in Scheiben schneiden. • Den Backofen auf 220° vorheizen. • Eine feuerfeste Form mit dem restlichen Fett ausstreichen. Mit Kartoffelscheiben auslegen. Diese mit Salz und Pfeffer würzen. Je eine Schicht Zwiebeln und Tomaten mit etwas Knoblauch daraufgeben. Mit Käsescheibchen belegen und so abwechselnd fortfahren, bis alle Zutaten aufgebraucht sind. Mit Käsescheibchen abschließen. • Das Eigelb verquirlen, die Oberfläche des Gratins damit bestreichen. Im Backofen auf der mittleren Schiene 15 Minuten überbacken.

Variante: »Pariser Erdäpfel«
8 Eier hartkochen, abschrecken, schälen und in Scheiben schneiden. Diese abwechselnd mit den Kartoffelscheiben in die Gratinform füllen. Jede Schicht mit Salz und frisch gemahlenem Pfeffer würzen. Mit Kartoffelscheiben abschließen. Diese mit Butterflöckchen besetzen. Im vorgeheizten Backofen bei 220° backen, bis die Oberfläche goldbraun wird. Dann 200 g saure Sahne mit 2–3 Eßlöffeln Milch verquirlen, über den Gratin gießen. 10 Minuten bei schwacher Hitze einziehen lassen.

Aargauer Spinatwähe

In der Schweiz werden die runden, flachen Kuchen als »Wähen« bezeichnet. Man ißt sie heiß und mit Vorliebe zu Milchkaffee.

Für den Teig: 200 g Mehl · ½ Teel. Salz · 80 g weiche Butter oder Margarine · 4–5 Eßl. kaltes Wasser
Für den Belag: 750 g Spinat · 250 g durchwachsener Räucherspeck · 2 Eier · 1 gestrichener Teel. Maisstärke · 100 g Sahne · Salz · schwarzer Pfeffer, frisch gemahlen · Muskatnuß, gerieben
Für die Form: Butter oder Margarine
Pro Person etwa 3750 Joule/900 Kalorien
21 g Eiweiß · 69 g Fett · 46 g Kohlenhydrate

- Vorbereitungs- einschließlich Ruhezeit: 1 Stunde 30 Minuten
- Backzeit: 35–40 Minuten

So wird's gemacht: Das Mehl mit dem Salz mischen, auf die Arbeitsfläche häufen. In die Mitte eine Mulde drücken. Die Butter oder Margarine in Flöckchen und das Wasser hineingeben. Von innen nach außen rasch zu einem glatten Teig verarbeiten. Eine Kugel formen, in Alufolie einschlagen und im Kühlschrank etwa 1 Stunde ruhen lassen. • Inzwischen den Spinat putzen, waschen, dabei die welken Blätter entfernen. Tropfnaß in eine Kasserolle geben und zugedeckt so lange bei schwacher Hitze dämpfen, bis die Blätter zusammenfallen. In einem Sieb gut abtropfen und auskühlen lassen. Dann feinhacken. • Den Speck in kleine Würfel schneiden. • Eine runde, flache Kuchenform leicht mit Butter oder Margarine einfetten. • Den Backofen auf 220° vorheizen. • Die Eier mit der Maisstärke und der Sahne verquirlen, dann mit dem Spinat mischen. Mit Salz, Pfeffer und Muskatnuß würzen. • Den Teig kurz durchkneten und auf der bemehlten Arbeitsfläche zu einer runden Platte ausrollen. Die Form damit auslegen. • Die Hälfte der Speckwürfel darauf verteilen. Die Spinatmasse einfüllen, glattstreichen. Mit dem restlichen Speck bestreuen. Auf der mittleren Schiene des Backofens in etwa 35–40 Minuten backen.

Variante: Zwiebelwähe
Für den Belag 500 g gehackte Zwiebeln und 100 g Räucherspeckwürfel in 1 Eßlöffel Butter braten, mit etwas Mehl bestäuben, 200 g Sahne und 3 Eier unterrühren, würzen. Die Wähe wie beschrieben fertigstellen.

Spaghetti mit pikanter Thunfischsauce

2 Knoblauchzehen · 1 Bund Petersilie · 5 Sardellenfilets · 1 große gelbe Paprikaschote · 1 kleine Dose Tomaten (400 g) · 2 Eßl. Olivenöl · 150 g Thunfisch in Öl · 1 Eßl. Kapern · Salz · 1 Messerspitze Peperoncino (kleine scharfe Paprikaschote) · 400 g Spaghetti
Pro Person etwa 2440 Joule/580 Kalorien
24 g Eiweiß · 19 g Fett · 79 g Kohlenhydrate

- Vorbereitungszeit: 15 Minuten
- Garzeit: 45 Minuten

Lange Spaghetti ins kochende Wasser »schieben«.

So wird's gemacht: Die Knoblauchzehen schälen. Die Petersilie waschen, trockenschwenken. Zusammen mit dem Knoblauch und den Sardellenfilets feinhacken. Die Paprikaschote vierteln. Die weißen Rippen und die Kerne entfernen. Die Schoten waschen, abtrocknen und in feine Streifen schneiden. • Die Tomaten abtropfen lassen, den Saft auffangen. • In einer Kasserolle das Öl heiß werden lassen. Das Feingehackte kurz darin anbraten. Die Paprikastreifen dazugeben und so lange mitbraten, bis sie knapp weich sind. Jetzt den Thunfisch mit dem Öl dazugeben und mit einer Gabel zerdrücken. Die Tomaten und die Kapern untermischen und mit Salz und dem Peperoncino würzen. Zugedeckt etwa 45 Minuten bei schwacher Hitze kochen lassen. Ab und zu 1 Eßlöffel Tomatensaft dazugeben, wenn die Sauce zu stark eindickt. • Inzwischen die Nudeln knapp »al dente«, also bißfest, kochen, abgießen, dabei ½ Tasse Kochwasser auffangen. Die Teigwaren in eine vorgewärmte Servierschüssel geben. Mit der Thunfischsauce und 2–3 Eßlöffeln Kochwasser gut mischen, 5 Minuten ziehen lassen. Unbedingt ohne Käse servieren.

Variante: Hörnchen mit Thunfisch und Oliven
1 Bund Petersilie, 1 geschälte Knoblauchzehe und 3 Sardellenfilets zusammen feinhacken. In 3 Eßlöffeln Olivenöl kurz anbraten, dann 2 in Streifen geschnittene Paprikaschoten, 100 g zerkleinerten Thunfisch aus der Dose, 100 g entsteinte kleingehackte grüne Oliven und 1 Eßlöffel Kapern untermischen. Zugedeckt bei ganz schwacher Hitze garen lassen. 400 g »bißfest« gekochte Hörnchen mit 1 Eßlöffel Butter oder Margarine und der Sauce kräftig mischen.

Spaghetti mit Zucchini und Ei

1 Zwiebel · 1 Knoblauchzehe · 500 g kleine Zucchini · 3 Eßl. Olivenöl · Salz · weißer Pfeffer, frisch gemahlen · 400 g Spaghetti · 1 Bund Petersilie · 2 Eßl. Butter oder Margarine · 2 Eigelbe · 3 Eßl. Parmesan, frisch gerieben
Pro Person etwa 2695 Joule/640 Kalorien
21 g Eiweiß · 26 g Fett · 80 g Kohlenhydrate

- Vorbereitungszeit: 15 Minuten
- Garzeit: 25 Minuten

So wird's gemacht: Die Zwiebel und den Knoblauch schälen und zusammen feinhacken. • Die

Zucchini waschen, abtrocknen, die beiden Enden abschneiden. Die Zucchini in dünne Scheiben schneiden. • In einer Kasserolle das Öl heiß werden lassen. Die Zwiebel mit dem Knoblauch kurz anbraten. Die Zucchini dazugeben. Umrühren, zugedeckt bei ganz schwacher Hitze 20 Minuten garen. Mit Salz und Pfeffer würzen. • Inzwischen die Teigwaren »al dente«, also bißfest, kochen. • Die Petersilie waschen, trockenschwenken und feinhacken. • Die Butter oder Margarine in einem Pfännchen schmelzen lassen. Sie darf nicht braun werden. • Die Spaghetti abseihen, gut abtropfen lassen und in eine große vorgewärmte Schüssel geben. Zuerst die verquirlten Eigelbe, dann die Zucchini, die Butter oder Margarine und die Petersilie möglichst schnell untermischen. Mit dem Parmesan bestreuen und sofort servieren.

Mein Tip Zum Untermischen der Eigelbe verwenden Sie am besten zwei Gabeln, ziehen damit die Nudeln hoch und lassen sie in die Schüssel zurückfallen.

Bandnudeln mit Geflügellebern

1 Knoblauchzehe · 300 g Geflügellebern · 100 g gekochter Schinken am Stück · 400 g Bandnudeln · Salz · 100 g Butter oder Margarine · weißer Pfeffer, frisch gemahlen · 3 Eßl. Parmesan, frisch gerieben

Pro Person etwa 3220 Joule/770 Kalorien
39 g Eiweiß · 35 g Fett · 73 g Kohlenhydrate

- Vorbereitungszeit: 15 Minuten
- Garzeit: 15 Minuten

So wird's gemacht: Den Knoblauch schälen und feinhacken. Die Geflügellebern kalt waschen, trockentupfen und vom anhängenden Fett befreien. Dann in ganz kleine Stücke schneiden. Den Schinken in kleine Würfel schneiden. • Die Nudeln in reichlich Salzwasser »al dente«, also bißfest, kochen. • Inzwischen in einer kleinen Pfanne 20 g Butter oder Margarine erhitzen, den Knoblauch kurz anbraten, er darf dabei nicht braun werden. Die Lebern dazugeben und so lange mitbraten, bis sie die Farbe verlieren, dann die Schinkenwürfel untermischen. Kurz stehenlassen. • Die Nudeln abseihen und in eine vorgewärmte Schüssel geben. • Die Lebern mit Salz und Pfeffer würzen. Dann mit der restlichen Butter oder Margarine und dem Parmesan gut mit den Nudeln mischen. Sofort servieren. Frischen Salat dazu reichen.

Bandnudeln mit Weißkohl

Nina, die Tochter meiner Freundin brachte das Rezept aus Klagenfurt mit. Es heißt dort Schneiderfleck.

1 Weißkohl (etwa 750 g) · 1 Zwiebel · 3 Eßl. Butter oder Margarine · 250 g Bandnudeln · 150 g Emmentaler, frisch gerieben · Salz · weißer Pfeffer, frisch gemahlen

Pro Person etwa 2170 Joule/520 Kalorien
21 g Eiweiß · 23 g Fett · 55 g Kohlenhydrate

- Vorbereitungszeit: 10 Minuten
- Garzeit: 30 Minuten

So wird's gemacht: Vom Weißkohl schlechte Außenblätter entfernen. Den Kopf vierteln und waschen. Den Strunk keilförmig herausschneiden. Die Kohlviertel in Salzwasser knapp gar kochen, abtropfen und etwas auskühlen lassen, dann quer in fingerbreite Streifen schneiden. • Die Zwiebel schälen und kleinhacken. In einer Kasserolle die Butter oder Margarine erhitzen, die Zwiebel darin goldbraun braten. • Inzwischen die Nudeln »al dente«, also bißfest, kochen. Abgießen, abgetropft mit den Krautstreifen in die Kasserolle geben. Unter Rühren erhitzen. Mit dem Käse bestreuen. Zugedeckt bei schwacher Hitze so lange ziehen lassen, bis der Käse schmilzt. Gut durchmischen. Mit Salz und reichlich Pfeffer würzen. Sofort servieren.

Käsespätzle

Bild Seite 47

2–3 Zwiebeln · 3 Eßl. Butter oder Margarine · 500 g Mehl · 5 Eier · 1 Teel. Salz · etwa 1 Tasse lauwarmes Wasser · 200–250 g Emmentaler, frisch gerieben

Pro Person etwa 5890 Joule/1400 Kalorien
38 g Eiweiß · 35 g Fett · 97 g Kohlenhydrate

- Vorbereitungszeit: 35 Minuten
- Garzeit: 10 Minuten

So wird's gemacht: Die Zwiebeln schälen, in dünne Ringe schneiden und in der Hälfte der Butter oder Margarine goldbraun braten. • In einer Rührschüssel das Mehl, die Eier, das Salz und das Wasser mit dem Kochlöffel oder den Knethaken des Handrührgerätes rasch zu einem glatten Teig verarbeiten, der aber nicht zu fest werden soll. Bei Bedarf noch etwas Wasser hinzufügen. • Die restliche Butter oder Margarine in einem großen Topf schmelzen lassen. • Den Spätzleteig entweder mit einem Spätzlehobel in reichlich kochendes Salzwasser schaben oder durch ein Sieb drücken. Sobald die Spätzle an die Oberfläche kommen, sind sie gar. Mit dem Schaumlöffel herausnehmen, abtropfen lassen, in der geschmolzenen Butter oder Margarine schwenken. Abwechselnd mit dem geriebenen Käse lagenweise in eine vorgewärmte Schüssel geben. • Dann die Spätzle mit den gebräunten Zwiebelringen bestreuen und zugedeckt kurz ziehen lassen, damit der Käse schmelzen kann. Mit frischem Salat servieren.

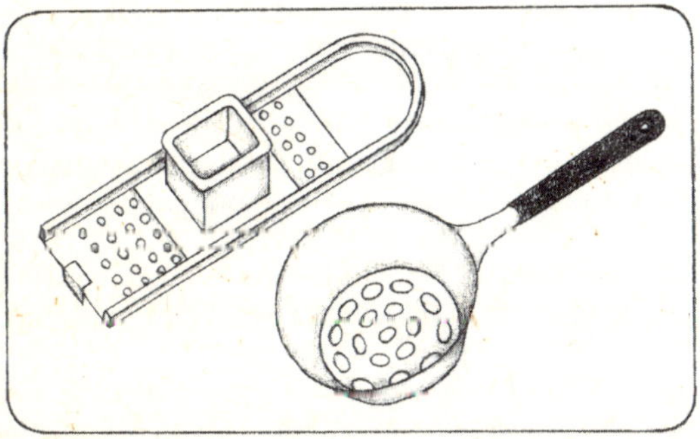

Spätzlehobel und Spätzlesieb: nützliche Küchengeräte für Spätzleköche.

Mein Tip Der Spätzleteig darf nicht zu lange geschlagen werden und soll vor dem Kochen nicht stehenbleiben, sonst wird er zäh. Mit Sauerkraut zubereitet, nennt sich das Gericht »Krautspätzle«.

Venezianischer Lammrisotto

Bild Seite 38

Das Gericht heißt im Veneto »risi in cavroman«. Ursprünglich soll es aus Dalmatien oder Albanien kommen. Für das Ragout eignen sich gut die preiswerten Schulter- oder Bruststücke.

500 g Lammragout · 1 Zwiebel · 1 kleine Dose Tomaten (400 g) · 2 Eßl. Butter oder Margarine ·

1 Glas trockener Rotwein · 1 Stückchen Zimtstange · Salz · weißer Pfeffer, frisch gemahlen · etwa 1 l Würfelbrühe · 300 g Rundkornreis · 3 Eßl. Parmesan, frisch gerieben
Pro Person etwa 3620 Joule/860 Kalorien
33 g Eiweiß · 32 g Fett · 64 g Kohlenhydrate

- Vorbereitungszeit: 10 Minuten
- Garzeit: 1 Stunde 30 Minuten

So wird's gemacht: Das Fleisch vom Metzger in kleine Stücke hacken lassen, kurz abwaschen, dabei alle Knochensplitter sorgfältig entfernen. Das Fleisch mit Küchenkrepp abtrocknen. • Die Zwiebel schälen und in Ringe schneiden. Die Tomaten abtropfen lassen, den Saft auffangen, und die Früchte grob zerkleinern. • In einer Kasserolle die Butter oder Margarine erhitzen. Das Fleisch und die Zwiebelringe dazugeben. Bei starker Hitze rundherum anbraten. Mit dem Rotwein ablöschen. Die Fleischstücke so lange rühren, bis der Wein verdampft ist. Jetzt die Tomaten und die Zimtstange dazugeben. Die Hitze verringern. Mit Salz und Pfeffer würzen. Zugedeckt bei schwacher Hitze etwa 1 Stunde garen lassen. Bei Bedarf etwas Tomatensaft dazugeben. • Dann das Fleisch herausnehmen und abkühlen lassen. • Die Brühe erhitzen. Den Reis zur Tomatensauce geben und kurz andünsten lassen. 2 Tassen kochende Brühe dazugießen. Ohne Deckel bei mittlerer Hitze kochen lassen. Ist die Brühe verkocht, nach und nach so viel Brühe dazugießen, bis der Risotto gar ist. • Das Fleisch von den Knochen lösen und in kleine Stücke schneiden. Kurz vor Ende der Kochzeit unter den Reis rühren. Vor dem Servieren den Parmesan untermischen.

Mein Tip Es empfiehlt sich, vorgewärmte Teller zu verwenden.

Serbisches Reisfleisch

Davon gibt es viele Varianten. Ich habe mein Rezept von einem Freund, den mein Mann in jugoslawischer Gefangenschaft kennengelernt hat.

2 große Zwiebeln · 600 g Schweineschulter ohne Knochen · 2 Knoblauchzehen · 1 Eßl. Tomatenmark · ½ l und ½ Tasse Fleischbrühe · 3 Eßl. Schweineschmalz · 2 Eßl. edelsüßer Paprika · 1 Messerspitze getrockneter Majoran · 200 g Langkornreis · 100 g durchwachsener Räucherspeck · 4 Paprikaschoten · Salz · schwarzer Pfeffer, frisch gemahlen
Pro Person etwa 3410 Joule/810 Kalorien
36 g Eiweiß · 55 g Fett · 49 g Kohlenhydrate

- Vorbereitungszeit: 15 Minuten
- Garzeit: 1 Stunde 25 Minuten

So wird's gemacht: Die Zwiebeln schälen und in feine Ringe schneiden. Das Fleisch waschen, trockentupfen und in nicht zu kleine Würfel schneiden. Die Knoblauchzehen schälen und feinhacken. Das Tomatenmark in einer halben Tasse Brühe verrühren. • 2 Eßlöffel Schmalz in einer flachen Kasserolle erhitzen. Die Zwiebeln darin goldgelb braten. Mit dem Paprika bestreuen, umrühren. Das Fleisch und die Brühe mit dem Tomatenmark dazugeben. Mit dem Knoblauch und dem Majoran würzen. Zugedeckt bei schwacher Hitze etwa 1 Stunde dünsten. • Inzwischen den Reis waschen und abtropfen lassen. Den Räucherspeck in kleine Würfel schneiden. Die Paprikaschoten vierteln, von den weißen Rippen und den Kernen befreien, waschen, abtrocknen und in fingerbreite Streifen schneiden. • Die Brühe zum Kochen bringen. • In einer kleinen Kasserolle das restliche Fett erhitzen. Die Speckwürfel darin anbraten, dann die Paprikastreifen dazugeben. Zugedeckt bei schwacher Hitze halbgar dünsten, dann zum Fleisch geben. • Den Reis ebenfalls hinzufügen, so lange rühren, bis die Körner glasig sind. Die kochendheiße Brühe dazugießen. Mit Salz und frisch gemahlenem Pfeffer würzen. Zugedeckt bei schwacher Hitze noch etwa 20–25 Minuten garen. Man ißt in Serbien eisgekühlten Tomatensalat mit viel Zwiebelringen dazu.

Südtiroler Schlutzkrapfen

Bild Seite 27

Ein bodenständiges Gericht, das sowohl bei den Einheimischen als auch den Touristen sehr beliebt ist.

150 g Weizen- und 150 g Roggenmehl (oder 300 g Weizenmehl) · 4 Eier · Salz · 500 g Spinat · 100 g Butter oder Margarine · weißer Pfeffer, frisch gemahlen · Muskatnuß, gerieben · 2 Bund Schnittlauch · 100 g Emmentaler, frisch gerieben

Pro Person etwa 2975 Joule/710 Kalorien
25 g Eiweiß · 36 g Fett · 60 g Kohlenhydrate

- Vorbereitungszeit: 1 Stunde 15 Minuten
- Garzeit: 10 Minuten

So wird's gemacht: Das Mehl so auf eine Arbeitsfläche schütten, daß ein kleiner Hügel entsteht. In diesen eine Mulde drücken. 3 Eier hineinschlagen. Etwas Salz dazugeben und mit einer Gabel langsam das Mehl unter die Eier rühren. Dann die Masse kräftig mit dem Handballen kneten, bis sie glatt und glänzend wird. Das dauert ungefähr 10–15 Minuten. Wird der Teig zu fest, weil die Eier für die Mehlmenge zu klein sind, etwas Wasser hinzufügen. Den Teig in ein bemehltes Tuch wickeln, eine Schüssel darüberstülpen und 20 Minuten ruhen lassen. • Inzwischen den Spinat verlesen, gut waschen und in einem Topf mit wenig Wasser kurz kochen, bis die Blätter zusammenfallen, dann abgießen, abtropfen lassen, gut ausdrücken und feinhacken. • In einer Pfanne 2 Eßlöffel Butter oder Margarine heiß werden lassen, den Spinat dazugeben. Mit Salz, Pfeffer und geriebener Muskatnuß würzen und bei mittlerer Hitze dünsten. Dabei umrühren, damit die Flüssigkeit verdampfen kann, ohne daß das Gemüse anbrennt. Zum Auskühlen auf einen großen Teller geben. • Die restliche Butter oder Margarine in einem Pfännchen schmelzen lassen, warm stellen. • Den Schnittlauch waschen, trockenschwenken und in Röllchen schneiden. • Den Nudelteig in 4 Portionen teilen, 3 davon wieder in das Tuch einschlagen. Die Teigportion möglichst dünn ausrollen, dann mit einer runden Ausstechform oder einem Glas von etwa 8 cm Durchmesser Kreise ausstechen. Mit einem Teelöffel jeweils kleine Portionen Spinat auf der einen Kreishälfte so verteilen, daß ein Rand von knapp 1 cm frei bleibt. • Das letzte Ei in Eigelb und Eiweiß trennen, das Eiweiß mit 1 Eßlöffel Wasser verquirlen, die Ränder der Kreishälften ohne Spinat damit bestreichen und zu Täschchen schließen, dabei den Rand in der Mitte leicht andrücken. Jetzt die Krapfen nacheinander in die linke Hand nehmen, mit Daumen und Zeigefinger der rechten Hand die Ränder sorgfältig zusammendrücken. Auf ein bemehltes Tuch legen. • Mit den restlichen 3 Teigportionen ebenso verfahren. Wenn alle »Krapfen« fertig sind, in einem großen Topf mit viel kochendem Salzwasser in 10 Minuten garen. Mit dem Schaumlöffel herausnehmen, abtropfen lassen. Auf vorgewärmte Portionsteller verteilen. Mit der Butter oder Margarine begießen, mit Schnittlauch und dem Käse bestreuen.

Mein Tip Man kann zur Füllung auch ½ Spinat und ½ Quark verwenden. Aus dem Teig lassen sich auch Nudeln, Ravioli oder Maultaschen herstellen.

Herzhafte Eiergerichte

Rührei mit Tomaten

1 kleine Dose Tomaten (400 g) · 1 große Zwiebel · 60 g durchwachsener Räucherspeck · 2 Eßl. Schweinefett oder Öl · Salz · schwarzer Pfeffer, frisch gemahlen · 6 Eier
Pro Person etwa 1150 Joule/270 Kalorien
14 g Eiweiß · 22 g Fett · 5 g Kohlenhydrate

- Vorbereitungszeit: 10 Minuten
- Garzeit: 35 Minuten

So wird's gemacht: Die Tomaten auf ein Sieb geben, gut abtropfen lassen und grob zerkleinern. Die Zwiebel schälen und in feine Ringe, den Speck in kleine Würfel schneiden. • In einer Eisenpfanne das Fett erhitzen, die Zwiebelringe dazugeben und so lange braten, bis sie weich, aber nicht gebräunt sind. Die Tomaten untermischen. Mit Salz und Pfeffer würzen. Etwa 30 Minuten bei mittlerer Hitze in der offenen Pfanne eindicken lassen, dabei gelegentlich umrühren. • Die Eier mit etwas Salz leicht verquirlen. In die Tomatensauce gießen. Bei schwacher Hitze so lange sanft rühren, bis sie gestockt sind. Mit Weißbrot und frischem Salat servieren.

Variante: Rührei mit Basilikum
Zur Tomatensaison 500 g frische Früchte verwenden, diese kurz in kochendes Wasser tauchen, enthäuten, grob zerkleinern, dabei die grünen Stielansätze entfernen. Die Sauce mit gehackten Basilikumblättern würzen. Die Eier mit 1 Eßlöffel geriebenem Parmesan und 1 Eßlöffel Sahne verrühren.

Variante: Mangoldomelette
1 kg geputzten Mangold blanchieren und feinhacken. Mit 100 g eingeweichter und ausgedrückter Weißbrotkrume, 4 Eiern, Majoran, Salz, Pfeffer und 80 g Parmesan mischen, die Omelette wie beschrieben backen.

Spinatomelette

1 kg Spinat · 4 Eier · 1 Eßl. Semmelbrösel · 3 Eßl. Parmesan, frisch gerieben · Salz · schwarzer Pfeffer, frisch gemahlen · 1 Prise Muskatnuß, gerieben · 2 Eßl. Butter oder Margarine
Pro Person etwa 1110 Joule/260 Kalorien
19 g Eiweiß · 16 g Fett · 11 g Kohlenhydrate

- Vorbereitungszeit: 20 Minuten
- Garzeit: 20 Minuten

So wird's gemacht: Den Spinat von welken Blättern befreien, in reichlich kaltem Wasser waschen und nicht abgetropft in einen Topf geben. Zugedeckt 5 Minuten dünsten, bis die Blätter zusammenfallen, dann abkühlen lassen. Gut ausdrücken und grobhacken. • In einer großen Schüssel die Eier leicht verquirlen. Den Spinat, die Semmelbrösel und den Käse untermischen. Mit Salz, Pfeffer und der Muskatnuß würzen. • In einer flachen Eisenpfanne 1 Eßlöffel Fett erhitzen. Die Eier-Spinatmasse auf einmal hineingießen. Mit einem Kochlöffel so lange schnell rühren, bis sie zu stocken beginnt. Die Hitze sofort reduzieren. Die Omelette vom Pfannenrand lösen. Die Pfanne leicht schütteln. Sobald die Unterseite der Omelette goldbraun ist, mit Hilfe eines passenden Deckels wenden. Das restliche Fett in die Pfanne geben. Die Omelette darin fertigbacken. Mit Weißbrot servieren.

Mit Hilfe der Bilder, von links nach rechts, und dem Rezept auf Seite 25 sind die Schlutzkrapfen ganz einfach herzustellen. Für die Füllung alle Zutaten vermengen. Den Teig ausrollen und Kreise ausstechen. Die Ränder der mit Füllung belegten Kreise mit Eiweiß bestreichen. Die Krapfen zusammenklappen und die Ränder gut drücken. Die gegarten Krapfen abtropfen lassen und mit Butter, Schnittlauch und Käse servieren. ▷

Griechische Kartoffelomelette

3 kleine feste Zucchini · 3 mittelgroße Kartoffeln · 1 Zwiebel · 2 Knoblauchzehen · 100 g durchwachsener Räucherspeck · 3 Zweige frische Minze · 4 Eßl. Olivenöl · Salz · weißer Pfeffer, frisch gemahlen · 6 Eier
Pro Person etwa 1830 Joule/435 Kalorien
18 g Eiweiß · 33 g Fett · 18 g Kohlenhydrate

- Vorbereitungszeit: 15 Minuten
- Garzeit: 20–25 Minuten

So wird's gemacht: Von den Zucchini die Blüten- und die Stielenden abschneiden. Die Früchte waschen, abtrocknen und in Scheibchen schneiden. • Die Kartoffeln waschen, schälen und in dünne Scheiben schneiden. Die Zwiebel und die Knoblauchzehen schälen, die Zwiebel in feine Ringe schneiden, den Knoblauch kleinhacken. Den Speck in Würfelchen schneiden. Die Minze waschen, trockentupfen, die Blätter feinhakken. • In einer weiten Pfanne das Öl erhitzen. Den Speck darin auslassen. Die Zwiebeln dazugeben und glasig braten. Dann die Zucchini- und die Kartoffelscheiben untermischen. Unter häufigem Wenden knusprig braten. Mit dem Knoblauch, Salz und frisch gemahlenem Pfeffer würzen. • Die Eier mit der Minze verquirlen, über die Kartoffeln gießen, sanft umrühren. Die Hitze sofort reduzieren. Die Omelette vom Pfannenrand lösen. Sobald die Unterseite goldbraun wird, die Omelette mit Hilfe eines passenden Deckels wenden und fertigbacken.

◂ Die Bechamelkartoffeln (Rezept Seite 18) kann man zur Abwechslung auch einmal mit feingehacktem Dill zubereiten. Er macht diese feine Beilage fast noch raffinierter.

Variante: Italienische Zucchiniomelette
80 g durchwachsenen Räucherspeck, in kleine Würfel geschnitten, in 2 Eßlöffel Olivenöl ausbraten, dann aus der Pfanne nehmen. 1 große gehackte Zwiebel im Bratfett glasig werden lassen. 250 g kleine, in Scheiben geschnittene Zucchini und 1 Bund gehackte Petersilie dazugeben. Zugedeckt in etwa 10 Minuten bißfest garen, trokkentupfen. Mit den Speckwürfelchen zusammen unter 6 verquirlte Eier mischen. Würzen und wie angegeben eine Omelette backen.

Käseomelette

300 g Emmentaler Käse · 8 Eier · ½ Tasse Wasser · 1 Teel. Salz · weißer Pfeffer, frisch gemahlen · 4 Eßl. Butter oder Margarine
Pro Portion etwa 2400 Joule/570 Kalorien
35 g Eiweiß · 47 g Fett · 0 g Kohlenhydrate

- Vorbereitungszeit: 10 Minuten
- Garzeit: 15 Minuten

So wird's gemacht: Den Käse in feine Scheibchen schneiden. • Die Eier in einer Schüssel mit dem Wasser, Salz und Pfeffer gut verquirlen, dann den Käse untermischen. Die Masse nochmals gut schlagen. • In einer weiten Pfanne das Fett bei schwacher Hitze zerlassen. Die Eier-Käsemasse auf einmal in die Pfanne schütten. Mit der Bratenschaufel unten leicht anheben, so daß die flüssige Masse gleichmäßig angebacken wird. Die Unterseite soll fest, aber nicht braun werden, die Oberseite stocken, dabei aber weich, beinahe noch ein wenig flüssig bleiben. • Die Omelette zusammenklappen und auf eine vorgewärmte Platte gleiten lassen. Mit frischem Salat servieren.

Variante: Neuenburger Omelette
8 Eier mit ½ Tasse Milch, Salz und frisch gemahlenem Pfeffer verquirlen. Die Omelette wie oben

backen. Kurz vor Ende der Garzeit je 1 Eßlöffel gehackte Petersilie, gehackten Kerbel und Schnittlauchröllchen und 3 Eßlöffel geriebenen Sbrinz oder Emmentaler Käse darüberstreuen. Die Omelette zusammengeklappt servieren.

Variante: Bauernomelette
100 g Speck in kleine Würfel schneiden. In einer Pfanne bei schwacher Hitze ausbraten. ½ feingehackte Zwiebel mitbraten, bis sie glasig wird. 2 gekochte, in Scheibchen geschnittene Kartoffeln ebenfalls anbraten. 6 Eier mit 150 g geriebenem Emmentaler Käse, Salz, frisch gemahlenem Pfeffer und 1 Eßlöffel Schnittlauchröllchen verquirlen. Über die Kartoffeln gießen und so lange bei schwacher Hitze stocken lassen, bis die Oberfläche gerade fest wird.

Eier-Pilzauflauf

Das Gericht kommt aus Rumänien und heißt dort Tanzpilze.

4 Eier · 250 g frische Champignons oder braune Egerlinge · 1 Bund Petersilie · 1 Zwiebel · 8 altbackene Brötchen · 5 Eßl. Butter oder Margarine · Salz · weißer Pfeffer, frisch gemahlen · etwa ½ l Milch · 200 g saure Sahne
Pro Person etwa 2760 Joule/660 Kalorien
21 g Eiweiß · 31 g Fett · 70 g Kohlenhydrate

- Vorbereitungszeit: 30 Minuten
- Backzeit: 20–25 Minuten

So wird's gemacht: Die Eier hartkochen, mit kaltem Wasser abbrausen, schälen und in Scheiben schneiden. • Die Pilze putzen, waschen, abtrocknen, in Scheibchen schneiden. Die Petersilie waschen, trockenschwenken. Die Zwiebel schälen, zusammen mit der Petersilie feinhacken. Die Brötchen in Scheiben schneiden. • In einer Pfanne 2 Eßlöffel Butter oder Margarine erhitzen, das Feingehackte leicht anbraten. Die Pilze dazugeben, unter Rühren bei starker Hitze so lange braten, bis die Flüssigkeit verdampft ist. Mit Salz und Pfeffer würzen. • Die Brötchenscheiben

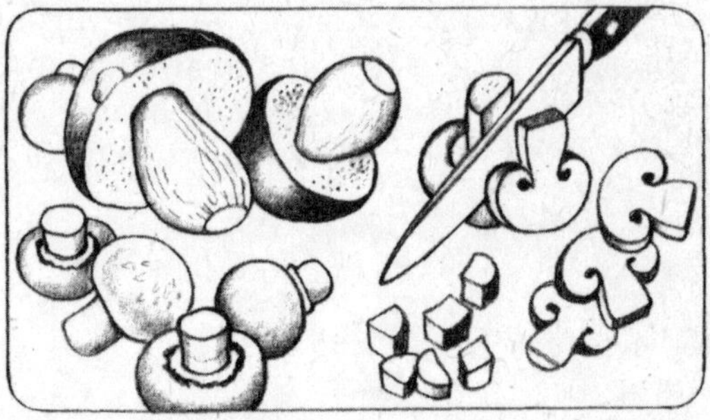

Pilze werden geputzt, gegebenenfalls gewaschen und immer der Länge nach in Scheiben geschnitten.

kurz in Milch eintauchen. • Den Backofen auf 200° vorheizen. • Eine Auflaufform mit etwas Butter oder Margarine ausstreichen. Die Hälfte der Brotscheiben hineinlegen. Die Pilzmasse darauf verteilen. Diese mit den Eischeiben bedecken, leicht salzen. Das restliche Brot darüberlegen. Den Rest der Butter oder Margarine zerlassen, mit der sauren Sahne verquirlen, mit Salz und frisch gemahlenem Pfeffer würzen. Über das Brot gießen. Den Auflauf auf der untersten Schiene des Backofens etwa 20–25 Minuten backen. Mit frischem Salat servieren.

Omelette mit Sardellen

6 Sardellenfilets · 8 Eier · weißer Pfeffer, frisch gemahlen · Salz · 2 Eßl. Schweineschmalz oder Margarine
Pro Portion etwa 1600 Joule/380 Kalorien
24 g Eiweiß · 32 g Fett · 0 g Kohlenhydrate

- Vorbereitungszeit: 10 Minuten
- Garzeit: 10 Minuten

So wird's gemacht: Die Sardellenfilets sehr fein hacken. In einer Schüssel die Eier verquirlen. Die Sardellenfilets untermischen. Mit Pfeffer und, falls nötig, mit Salz würzen. • In einer flachen Eisenpfanne 1 Eßlöffel Fett erhitzen. Die Eiermasse auf einmal hineingießen und mit dem Kochlöffel schnell so lange rühren, bis sie zu stocken beginnt. Die Hitze sofort reduzieren. • Die Omelette vom Pfannenrand lösen. Die Pfanne leicht schütteln. Sobald die Unterseite der Omelette goldbraun wird, mit Hilfe eines passenden Deckels wenden. • Das restliche Fett in die Pfanne geben, die Omelette darin fertig braten. Mit Salzkartoffeln und frischem Salat servieren.

Variante: Omelette mit Zwiebeln
Etwa 300 g Zwiebeln in dünne Ringe schneiden, zugedeckt in 1 Eßlöffel Fett weich, aber nicht braun braten. 1 Bund feingehackte Petersilie und die gehackten Sardellenfilets kurz mitbraten. Abgekühlt unter 6 verquirlte Eier mischen. Die Omelette wie oben braten.

Variante: Omelette mit Räucherfisch
Anstelle der Sardellenfilets etwa 150 g zerpflücktes geräuchertes Filet von Hering oder Makrele unter 6 verquirlte Eier rühren und wie oben braten.

Variante: Thunfischomelette
1 Knoblauchzehe, 1 Bund Petersilie, 4 Sardellenfilets und 100 g Thunfisch aus der Dose zusammen sehr fein hacken. Mit 6 verquirlten Eiern mischen. Mit Salz, Pfeffer und Zitronensaft abschmecken. Die Omelette wie oben fertigstellen.

Omelette mit Zucchini

80 g durchwachsener Räucherspeck · 1 große Zwiebel · 250 g kleine Zucchini · 1 Bund Petersilie · 1 Eßl. Öl · Salz · weißer Pfeffer, frisch gemahlen · 6 Eier · 2 Eßl. Butter

Pro Person etwa 1500 Joule/360 Kalorien
14 g Eiweiß · 31 g Fett · 7 g Kohlenhydrate

● Zubereitungszeit: 45 Minuten

So wird's gemacht: Den Speck kleinwürfeln. Die Zwiebel schälen und in ganz dünne Ringe schneiden. Von den Zucchini beide Enden abschneiden. Die Früchte waschen, abtrocknen und in dünne Scheibchen schneiden. Die Petersilie waschen, trockenschwenken und feinhakken. • In einer Pfanne das Öl erhitzen, die Speckwürfelchen ausbraten, dann aus der Pfanne nehmen. Im Bratfett die Zwiebel leicht braun werden lassen. Die Zucchini und die Petersilie dazugeben. Mit Salz und Pfeffer würzen. Zugedeckt bei schwacher Hitze etwa 10 Minuten dünsten, dabei mehrmals umrühren, die Zucchini dürfen nicht zerkochen. Sobald sie knapp gar sind, vom Herd nehmen und auf einem Sieb abtropfen lassen. • In einer Schüssel die Eier leicht verquirlen. Die Speckwürfelchen und die Zwiebel-Zucchinimischung untermischen. Eventuell nachwürzen. • In einer flachen Eisenpfanne 1 Eßlöffel Butter erhitzen. Die Eiermischung auf einmal hineingeben und mit dem Kochlöffel schnell rühren, bis sie zu stocken beginnt. Dann die Hitze sofort stark reduzieren. Die Omelette vom Pfannenrand lösen. Die Pfanne leicht schütteln. Sobald die Unterseite goldbraun wird, die Omelette mit Hilfe eines Deckels wenden. • Die restliche Butter in die Pfanne geben und die Omelette darin fertig braten.

Variante: Omelette mit Basilikum
1 Bund Basilikum waschen, trockentupfen, die Blätter feinschneiden. 6 Eier mit 2 Eßlöffeln Pecorino, dem Basilikum, Salz und Pfeffer verschlagen. Die Omelette zubereiten.

Heringe in der Folie

Je 4 Zweige Petersilie und Estragon · 4 frische Heringe von je 250–300 g · Salz · weißer Pfeffer, frisch gemahlen · etwa 80 g weiche Butter oder Margarine
Pro Person etwa 3085 Joule/730 Kalorien
42 g Eiweiß · 63 g Fett · 0 g Kohlenhydrate

- Vorbereitungszeit: 10 Minuten
- Garzeit: 20 Minuten

So wird's gemacht: Den Backofen auf 200° vorheizen. • Die Petersilie und den Estragon waschen, trockenschwenken. Die Heringe unter fließendem Wasser gründlich waschen, trockentupfen, innen mit Salz und Pfeffer einreiben. In jeden Hering 1 Zweig Petersilie und Estragon legen. • Alufolie in 4 der Fischgröße entsprechende Stücke schneiden. Diese in der Mitte dick mit Butter oder Margarine bestreichen. Jeden Fisch auf ein Folienstück legen. Die Oberseite der Heringe mit Butter oder Margarine bestreichen. Die Folien locker über den Fischen schließen, die Ränder gut zusammendrücken. • Die Fische auf dem Rost im Backofen 20 Minuten garen. In der Folie servieren.

Mein Tip Auf diese Weise kann man auch Makrelen oder gut gewässerte Salzheringe zubereiten.

Variante: Heringe im Speckmantel
Die vorbereiteten Heringe an der Bauchseite längs aufschneiden, auseinanderdrücken, die Mittelgräte vom Kopf zum Schwanz herausziehen. Die Innenseite leicht salzen, mit Senf bestreichen. Zusammenklappen. Die Fische mit dünn geschnittenem, durchwachsenem Räucherspeck umwickeln (mit Zahnstochern feststecken). Bei mittlerer Hitze 7–8 Minuten in Butter oder Margarine braten, nach der halben Garzeit wenden.

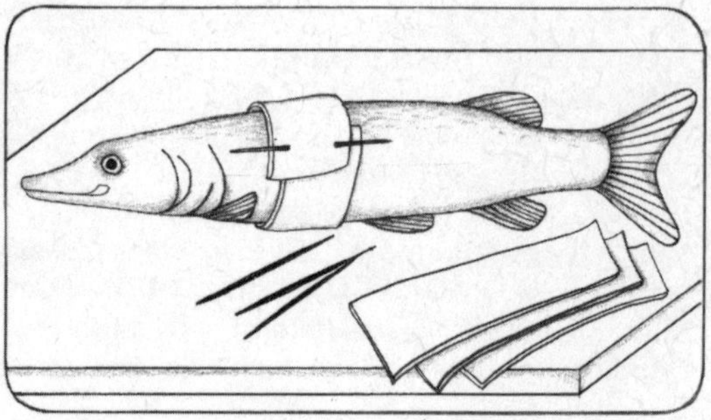

Die Speckscheiben müssen so lang sein, daß man sie gut um den Fisch legen kann.

Makrelen, sauer gekocht

4 Zweige Dill · 4 Makrelen von je 250–300 g · Salz · weißer Pfeffer, frisch gemahlen · etwa 1 l Wasser · Essig nach Bedarf · 12 Pfefferkörner · 1 Messerspitze scharfer Paprika · 1 Lorbeerblatt
Pro Person etwa 1880 Joule/450 Kalorien
47 g Eiweiß · 29 g Fett · 0 g Kohlenhydrate

- Vorbereitungszeit: 10 Minuten
- Garzeit: 10–12 Minuten

So wird's gemacht: Den Dill waschen und trockenschwenken. Die Makrelen innen und außen kalt abbrausen, trockentupfen, innen mit Salz und Pfeffer einreiben. In jeden Fisch 1 Zweig Dill legen. Dann die Makrelen nebeneinander in eine flache Kasserolle legen. • Dem Wasser so viel Essig zusetzen, daß es gut sauer schmeckt. (Die Menge hängt von der Schärfe des Essigs ab). Mit den Pfefferkörnern, Salz und dem Paprika kräftig würzen. Das Lorbeerblatt dazugeben. • Die Fische mit der Mischung begießen, langsam zum Kochen bringen und bei schwacher Hitze 10–12 Minuten ziehen lassen. Dann vorsichtig mit dem Schaumlöffel herausnehmen, abtropfen und auf eine vorgewärmte Servierplatte gleiten lassen. Mit Salzkartoffeln, geriebenem Meerrettich und Salat servieren.

Variante: Geräucherte Makrelen in der Folie
4 Fische von je 250 g an der Oberfläche mit einem Messer einkerben. Auf passende Folienstücke legen, mit Wasser leicht besprühen. Die Folien nicht schließen, sondern zu Schiffchen einbiegen. Die Fische im vorgeheizten Backofen bei 230° etwa 5 Minuten erhitzen. Sie dürfen dabei nicht braun werden. Mit Petersilie und Zitronenscheiben garniert zu frischen Pellkartoffeln reichen.

Fischgulasch

Das Filet vom Seelachs gehört zu den preiswertesten Fischfilets.

800 g Seelachsfilet · 3 Eßl. Essig · 1 Zwiebel · 2 Knoblauchzehen · 200 g frische Champignons · 2 Eßl. Butter oder Margarine · Salz · weißer Pfeffer, frisch gemahlen · Saft von ½ Zitrone · 2 Eßl. Weißwein · 1 Eßl. Sojasauce · 1 Prise Zucker
Pro Person etwa 1035 Joule/247 Kalorien
38 g Eiweiß · 8 g Fett · 5 g Kohlenhydrate

- Vorbereitungszeit: 40 Minuten
- Garzeit: 20 Minuten

So wird's gemacht: Das Fischfilet unter fließendem Wasser kurz waschen, trockentupfen, mit dem Essig beträufeln und zugedeckt 30 Minuten ziehen lassen. • Inzwischen die Zwiebel und die Knoblauchzehen schälen und feinhacken. Die Pilze sauber putzen, unter fließendem Wasser abbrausen, trockentupfen und in Scheibchen schneiden. • In einer Kasserolle das Fett erhitzen, die Zwiebel und den Knoblauch bei schwacher Hitze braten, bis die Zwiebel weich, aber nicht gebräunt ist. • Das Fischfilet in Würfel teilen. Mit Salz und Pfeffer würzen. Mit den Champignons in die Kasserolle geben. • Aus dem Zitronensaft, dem Weißwein, der Sojasauce und dem Zucker eine Sauce rühren und damit den Fisch begießen. Einmal umrühren, dann zugedeckt bei schwacher Hitze etwa 15 Minuten garen. Zu Reis und frischem Salat servieren.

Variante: Ungarisches Fischgulasch
3 große Zwiebeln schälen, in Würfel schneiden. In heißem Fett braten, bis sie glasig sind. Die Fischwürfel kurz mitbraten. Salzen. Mit 1 Eßlöffel edelsüßem Paprika bestreuen, ½ Tasse Fleischbrühe angießen. 15 Minuten bei ganz schwacher Hitze zugedeckt garen. Die Sauce mit saurer Sahne binden.

Kabeljau mit Tomaten und Kräutern

Bild Seite 37

1 Zwiebel · 2 Knoblauchzehen · 1 Karotte · 1 kleines Stück Sellerieknolle · je 1 Bund Petersilie und Basilikum · je 1 Zweig Rosmarin und Salbei · 500 g Tomaten · 1 kg Kabeljau am Stück · Mehl · 4 Eßl. Olivenöl · Salz · weißer Pfeffer, frisch gemahlen · 1 Lorbeerblatt · ½ Tasse trockener Weißwein
Pro Person etwa 1700 Joule/400 Kalorien
46 g Eiweiß · 17 g Fett · 11 g Kohlenhydrate

- Vorbereitungszeit: 30 Minuten
- Garzeit: 45 Minuten

So wird's gemacht: Die Zwiebel und die Knoblauchzehen schälen, die Karotte schaben, den Sellerie schälen und alles feinhacken. Die Petersilie, das Basilikum, den Rosmarin und den Salbei waschen, trockentupfen. Die Blätter abzupfen, alle Kräuter feinhacken. Die Tomaten kurz in kochendes Wasser tauchen, enthäuten, halbieren, die Stielansätze und die Kerne entfernen

Tomaten lassen sich leicht enthäuten, wenn sie vorher mit kochendem Wasser überbrüht werden.

und das Fruchtfleisch kleinhacken. • Den Fisch innen und außen mit kaltem Wasser abbrausen, trockentupfen und in Mehl wenden. • Den Backofen auf 200° vorheizen. • In einer flachen Kasserolle das Öl heiß werden lassen, das Gemüse und die Kräuter kurz darin anbraten. Dann die Tomaten hinzufügen und zugedeckt etwa 10 Minuten schmoren lassen. • Den Fisch in die Kasserolle legen, mit Salz, frisch gemahlenem Pfeffer und dem Lorbeerblatt würzen und zugedeckt im Backofen auf der mittleren Schiene in etwa 45 Minuten garen. Den Kabeljau dabei einmal vorsichtig wenden. Ab und zu wenig Weißwein darübergießen. Vor dem Servieren das Lorbeerblatt entfernen. Petersilienkartoffeln und frischer Salat passen als Beilage.

Variante: Forellen in Tomatensauce
1 Knoblauchzehe und 1 Bund Petersilie feinhakken, in 2 Eßlöffeln Öl leicht anbraten. 500 g Tomaten aus der Dose, leicht abgetropft und grob zerkleinert, dazugeben. Salzen, pfeffern. 30 Minuten bei schwacher Hitze eindicken lassen. 4 mittelgroße Forellen mit Salz und Zitronensaft einreiben. Etwa 15 Minuten in der fertigen Sauce garziehen lassen. Ab und zu mit einem Löffel Sauce begießen.

Seefisch auf normannische Art

2 Zwiebeln · 1 Bund Petersilie · 2–3 Eßl. Butter oder Margarine · 1 kg Kabeljau oder Seelachs am Stück · Salz · ¼ l Sahne · weißer Pfeffer, frisch gemahlen · Saft von ½ Zitrone
Pro Person etwa 1890 Joule/450 Kalorien
45 g Eiweiß · 28 g Fett · 4 g Kohlenhydrate

- Vorbereitungszeit: 20 Minuten
- Garzeit: 25 Minuten

So wird's gemacht: Die Zwiebeln schälen, die Petersilie waschen, trockenschwenken, mit der Zwiebel zusammen feinhacken. • Den Backofen auf 200° vorheizen. • Das Fett in einer Kasserolle auf dem Herd erhitzen, das Kleingehackte darin 10 Minuten unter Rühren langsam braten. • Den Fisch innen und außen mit kaltem Wasser abbrausen, abtrocknen und mit Salz einreiben. In die Kasserolle legen. Mit der Sahne begießen. Mit Salz, Pfeffer und dem Zitronensaft abschmecken. • Zugedeckt im Backofen etwa 25 Minuten garen. Ab und zu mit der Sauce begießen. Mit gedämpftem Spinat und Salzkartoffeln servieren.

Mein Tip Ich habe oft nach diesem Rezept Brachsen zubereitet. Sie sind zwar relativ grätenreich, jedoch sehr schmackhaft und billig.

Seelachs im Gemüsebett

800 g Seelachsfilet · 3 Eßl. Essig · 1 Zwiebel · 1 Petersilienwurzel · 2 Karotten · ¼ kleine Sellerieknolle · 2 Stangen Lauch/Porree · 1 Bund Dill · 2 Eßl. Butter oder Margarine · Salz · 1 Eßl. Tomatenmark · 1 Tasse Brühe · 3 Eßl. saure Sahne · weißer Pfeffer, frisch gemahlen · Zitronensaft

Pro Portion etwa 1300 Joule/310 Kalorien
40 g Eiweiß · 12 g Fett · 9 g Kohlenhydrate

- Vorbereitungszeit: 35 Minuten
- Garzeit: 40 Minuten

So wird's gemacht: Die Fischfilets unter fließendem Wasser kurz abwaschen, trockentupfen, mit dem Essig beträufeln und zugedeckt 30 Minuten ziehen lassen. • Inzwischen die Zwiebel schälen und in feine Ringe schneiden. Die Petersilienwurzel und die Karotten schaben, in Scheibchen schneiden. Den Sellerie schälen und in Stifte schneiden. Vom Lauch den Wurzelansatz und die dunkelgrünen Blattenden entfernen. Die Stangen längs teilen, unter fließendem Wasser waschen, trockenschwenken und in ½ cm dicke Stücke schneiden. Den Dill waschen, trockenschwenken und feinhacken. • In einer flachen Kasserolle das Fett leicht erhitzen. Die Fischfilets trockentupfen und mit Salz einreiben. In dem Fett auf beiden Seiten kurz anbraten, dann aus der Kasserolle nehmen. • Das Tomatenmark mit der Brühe verrühren. • Das ganze Gemüse in dem Fett anbraten, dann die Brühe angießen. Zugedeckt fast gar kochen. • Die Sahne und den Dill unterrühren. Mit Salz, Pfeffer und Zitronensaft abschmecken. • Die Fischfilets auf das Gemüse legen. Zugedeckt etwa 10 Minuten bei schwacher Hitze ziehen lassen. Zu Salzkartoffeln und frischem Salat servieren.

Miesmuscheln nach Seemannsart

2 kg frische Miesmuscheln · 3 Knoblauchzehen · 1 großer Bund Petersilie · 6 Eßl. Olivenöl · 1 Tasse trockener Weißwein · 1 Messerspitze Peperoncino (kleine scharfe Paprikaschote) · 1 Prise getrockneter Oregano · Salz · 4 Scheiben Weißbrot

Pro Person etwa 2380 Joule/565 Kalorien
34 g Eiweiß · 28 g Fett · 38 g Kohlenhydrate

- Vorbereitungszeit: 20 Minuten
- Garzeit: 20 Minuten

So wird's gemacht: Die Muscheln unter fließendem Wasser gut bürsten, und entbarten, dabei geöffnete Muscheln aussortieren. • Die Knoblauchzehen schälen, 2 davon feinhacken. Die Petersilie waschen, trockenschwenken und feinhakken. • In einem tiefen, schweren Topf das Öl erhitzen, den gehackten Knoblauch und die Hälfte der Petersilie kurz darin anbraten. Die Muscheln und den Wein dazugeben. Mit dem Peperoncino, dem Oregano und wenig Salz würzen. Die Muscheln zugedeckt bei starker Hitze so lange dämpfen, bis sich die Schalen öffnen. Den Topf kräftig rütteln, damit die Muscheln gleichmäßig garen. Nicht geöffnete Muscheln aussortieren. • Die Brotscheiben rösten und mit der restlichen Knoblauchzehe einreiben. Die geöffneten Muscheln mit ihrer Sauce auf vorgewärmte tiefe Teller verteilen. Die restliche Petersilie darüberstreuen. Das Brot dazu reichen. Eine Pfeffermühle und eine Schüssel für die leeren Muschelschalen bereitstellen.

Gekochtes Rindfleisch in Tomatensauce

1 große Zwiebel · 500 g gekochtes Rindfleisch · 1 kleine Dose Tomaten (400 g) · 3 Zweige Basilikum · 2 Eßl. Schweinefett oder Öl · Salz · schwarzer Pfeffer, frisch gemahlen
Pro Person etwa 1580 Joule/380 Kalorien
24 Eiweiß · 28 g Fett · 6 g Kohlenhydrate

- Vorbereitungszeit: 30 Minuten
- Garzeit: 30 Minuten

So wird's gemacht: Die Zwiebel schälen und kleinhacken. Das Fleisch in Streifen schneiden. Die Tomaten abtropfen lassen und durch ein Sieb passieren. Das Basilikum kurz waschen, trockenschwenken, die Blätter kleinschneiden. • In einer Kasserolle das Fett erhitzen, die Zwiebel bei mittlerer Hitze so lange braten, bis sie gelb ist. Dann das Fleisch dazugeben, 10 Minuten mitbraten. Mehrmals umrühren. Die passierten Tomaten untermischen. Mit dem Basilikum, Salz und Pfeffer würzen. • Zugedeckt bei schwacher Hitze 30 Minuten schmoren lassen. Bei Bedarf etwas Tomatensaft dazugeben. Mit Salzkartoffeln oder Kartoffelbrei servieren.

Kalbsbrust mit Zwiebeln

500 g Zwiebeln · 4 Salbeiblätter · 5 Stengel Bohnenkraut · 1 kg Kalbsbrust, vom Metzger in Ragoutstücke gehackt · 80 g Butter oder Margarine · Salz · weißer Pfeffer, frisch gemahlen · 1 Eßl. edelsüßer Paprika · 1 Tasse Weißwein · 1 Tasse Fleischbrühe
Pro Person etwa 2320 Joule/550 Kalorien
49 g Eiweiß · 33 g Fett · 11 g Kohlenhydrate

- Vorbereitungszeit: 30 Minuten
- Garzeit: 1 Stunde 30 Minuten

So wird's gemacht: Die Zwiebeln schälen und feinhacken. Den Salbei und das Bohnenkraut waschen, trockentupfen und feinhacken. Das Fleisch waschen, dabei von allen Knochensplittern sorgfältig befreien, abtrocknen. • In einer Kasserolle das Fett zerlassen, die Zwiebeln bei mittlerer Hitze so lange braten, bis sie weich, aber nicht gebräunt sind. • Den Backofen auf 150° vorheizen. • Die Fleischstücke zu den Zwiebeln in die Kasserolle geben. 10 Minuten unter Rühren mitbraten. Mit den gehackten Kräutern, Salz, Pfeffer und dem Paprika würzen. Den Weißwein und die Brühe angießen, aufkochen lassen. • Zugedeckt im Backofen 1 Stunde 30 Minuten garen. Ab und zu umrühren. Mit Reis und frischem Salat servieren.

Variante: Kalbsbrust mit Peperoni
1 Zwiebel verwenden. Das Fleisch anbraten, und den Wein angießen. 4 streifig geschnittene Paprikaschoten und 400 g zerdrückte Dosentomaten mitgaren. Mit Salz, süßem Paprikapulver und frischem Basilikum würzen.

Mein Tip Wenn Kalbfleisch im Angebot ist, kauft man Kalbsbrust besonders günstig. Ich friere dann größere Mengen davon ein, um sie bei Gelegenheit zu den verschiedensten Ragouts zu verarbeiten.

Wie den Kabeljau mit Tomaten und Kräutern (Rezept Seite 33) können Sie jeden festfleischigen Fisch – eventuell auch in Scheiben geschnitten – zubereiten. ▷

Kesselgulasch

2 große Zwiebeln · 2 Knoblauchzehen · ½ Teel. Kümmel · 3–4 Tomaten · 500 g Schorrippe ohne Knochen vom Rind · 2 Eßl. Schweinefett · Salz · 3 Teel. edelsüßer Paprika · 2 Tassen Würfelbrühe · 3 Paprikaschoten · 600 g Kartoffeln · schwarzer Pfeffer, frisch gemahlen
Pro Person etwa 2190 Joule/520 Kalorien
29 g Eiweiß · 29 g Fett · 36 g Kohlenhydrate

- Vorbereitungszeit: 30 Minuten
- Garzeit: etwa 1 Stunde 30 Minuten

So wird's gemacht: Die Zwiebeln schälen und in dünne Ringe schneiden. Die Knoblauchzehen schälen, mit dem Kümmel zusammen feinhakken. Die Tomaten in kochendes Wasser tauchen, enthäuten, vierteln, dabei die grünen Stengelansätze und die Kerne entfernen. Das Fleisch waschen, abtrocknen und in kleine Gulaschwürfel schneiden. • In einer Kasserolle das Fett erhitzen, die Zwiebelringe darin goldbraun braten. Dann das Fleisch so lange mitbraten, bis es Farbe annimmt. Mit Salz und dem Paprika würzen. Die Tomaten und die Knoblauch-Kümmelmischung dazugeben. Unter Rühren kurz mitbraten, dann 1 Tasse Brühe angießen. Zugedeckt bei schwacher Hitze schmoren lassen. • Inzwischen die Paprikaschoten vierteln, die Kerne und die weißen Rippen entfernen. Die Schoten waschen und in fingerbreite Streifen schneiden. Die Kartoffeln waschen, schälen und in Würfel schneiden. • Nach 1 Stunde Schmorzeit die Paprikaschoten und die Kartoffeln mit dem Fleisch mischen, die restliche Brühe angießen. Mit Salz und frisch gemahlenem Pfeffer abschmecken. Zugedeckt bei schwacher Hitze noch 30 Minuten garen.

Mein Tip In Ungarn, von wo das Gericht stammt, werden aus 200 g Mehl, etwas Salz und wenig Wasser Teigfleckerl hergestellt, die man im Gulasch etwa 10 Minuten garziehen läßt.

◁ Der Venezianische Lammrisotto (Rezept Seite 23) erfordert ein wenig Sorgfalt bei der Zubereitung. Doch sein hervorragender Geschmack belohnt Sie sicher dafür.

Geschmorte Beinscheiben vom Rind

Beinscheiben werden relativ preiswert als Suppenfleisch angeboten. Ich finde sie dafür zu schade, man kann nämlich auch herrliche Schmorgerichte damit machen.

1 Zwiebel · ¼ kleine Sellerieknolle · 3 mittelgroße Karotten · 2–3 Knoblauchzehen · 4 Beinscheiben mittlerer Größe vom Rind · Mehl zum Bestäuben · 1 Bund Petersilie · 3 Eßl. Öl · 1 Tasse trokkener Rotwein · 1 Eßl. Tomatenmark · etwa 2 Tassen Würfelbrühe · je 1 Messerspitze getrockneter Majoran, Thymian und Rosmarinpulver · Salz · schwarzer Pfeffer, frisch gemahlen · abgeriebene Schale von ½ ungespritzten Zitrone
Pro Person etwa 1660 Joule/395 Kalorien
33 g Eiweiß · 22 g Fett · 10 g Kohlenhydrate

- Vorbereitungszeit: 30 Minuten
- Garzeit je nach Fleischqualität: 2 bis 2½ Stunden

So wird's gemacht: Die Zwiebel und den Sellerie schälen, die Karotten schaben. Das ganze Gemüse in kleine Würfel schneiden. Die Knoblauchzehen schälen und feinhacken. Das Fleisch waschen, abtrocknen und mit Mehl bestäuben. Die Petersilie waschen, trockentupfen und kleinhacken. • In einer großen Pfanne das Öl erhitzen. Die Fleischstücke nebeneinander hineinlegen und auf beiden Seiten kräftig anbraten, dann herausnehmen. • Das Gemüse, den Knoblauch und die Hälfte der Petersilie in dem Bratfett bei mittlerer Hitze unter Rühren 10 Minuten braten, der Knoblauch darf dabei nicht braun werden. • Das Fleisch auf das Gemüse legen. Den Wein angießen und zur Hälfte einkochen lassen, dabei die Beinscheiben einmal wenden. Das Tomatenmark mit der Brühe verrühren und in die Pfanne gießen. • Mit den Gewürzkräutern, Salz und Pfeffer würzen, zugedeckt bei mittlerer Hitze, am besten im Backofen bei etwa 180° etwa 2 Stunden garen. • Das Fleisch herausnehmen und in mundgerechte Stücke schneiden. Vor dem Servieren die Zitronenschale und die restliche Petersilie mit der Sauce verrühren. Das Fleisch und die Markknochen noch kurz darin ziehen lassen. Dazu passen Polenta oder Weißbrot und frischer Salat.

Sardische Schweinerippchen

3 Knoblauchzehen · 10 Wacholderbeeren · 1 Zweig Rosmarin · 1,5 kg Schweinerippchen (Spareribs), vom Metzger in etwa 10 cm lange Stücke gehackt · 500 g mittelgroße Kartoffeln · Salz · 2 kleine Lorbeerblätter · schwarzer Pfeffer, frisch gemahlen · 1 Eßl. Schweinefett · 1 Tasse Wasser

Pro Person etwa 4790 Joule/1140 Kalorien
66 g Eiweiß · 88 g Fett · 21 g Kohlenhydrate

- Vorbereitungszeit: 15 Minuten
- Garzeit: 1 Stunde

So wird's gemacht: Den Backofen auf 200° vorheizen. • Die Knoblauchzehen schälen und mit den Wacholderbeeren zerdrücken. Den Rosmarinzweig waschen und trockentupfen. Die Blättchen feinhacken. Das Fleisch waschen, dabei alle Knochensplitter sorgfältig entfernen und das Fleisch abtrocknen. • Die Kartoffeln schälen, vierteln und waschen. Dann in eine Kasserolle geben und salzen. Die Rippchen darauflegen. Den Knoblauch, den Wacholder, den Rosmarin und die zerkleinerten Lorbeerblätter gleichmäßig darüberstreuen. Mit Salz und grob gemahlenem Pfeffer würzen. Das Schweinefett darüber verteilen. Das Wasser seitlich angießen. • Die Kasserolle gut verschließen und das Gericht im Backofen etwa 45 Minuten garen. • Nach Beendigung der Garzeit den Backofen auf 220° schalten, den Deckel von der Kasserolle nehmen und den Eintopf 15 Minuten überbacken. Dabei die Rippchen einmal wenden, so daß sie auf beiden Seiten braun und knusprig werden.

Dalmatinische Schweinerippchen

1 Wirsingkohl (750 g) · 1 kg frische Schweinerippchen (Spareribs), in kleine Stücke gehackt · 1 Bund Petersilie · 2–3 Knoblauchzehen · 50 g durchwachsener Räucherspeck · 2 Eßl. Schweinefett · 2 Eßl. Tomatenmark · 1 Teel. edelsüßer Paprika · 1 Tasse Fleischbrühe · Salz

Pro Person etwa 3595 Joule/855 Kalorien
50 g Eiweiß · 69 gFett · 9 g Kohlenhydrate

- Vorbereitungszeit: 30 Minuten
- Garzeit: 1 Stunde

So wird's gemacht: Den Wirsingkohl putzen, die

harten Außenblätter entfernen, vierteln, den Strunk keilförmig herausschneiden. Den Kohl 2–3 Minuten in kochendem Wasser blanchieren, dann auf einem Sieb abtropfen lassen und in fingerbreite Streifen schneiden. • Das Fleisch waschen, von Knochensplittern sorgfältig befreien, abtrocknen. • Die Petersilie waschen und trokkenschwenken. Die Knoblauchzehen schälen. Die Petersilie und den Knoblauch mit dem Speck zusammen feinhacken. • In einer Pfanne das Fett erhitzen. Das Fleisch kräftig anbraten. In einem feuerfesten Geschirr, das einen gut schließenden Deckel besitzt, das Fleisch und den Kohl lagenweise einschichten, dabei mit dem Fleisch beginnen und mit dem Kohl abdecken. • Das Feingehackte im Bratfett 10 Minuten unter Rühren braten, dabei darf der Knoblauch nicht braun werden. Das Tomatenmark unterrühren. Mit dem Paprika würzen, dann die Brühe angießen. 5 Minuten köcheln lassen. Bei Bedarf mit Salz abschmecken. Die Sauce soll kräftig gewürzt sein. Über Fleisch und Kraut gießen, zugedeckt bei schwacher Hitze, am besten im Backofen bei 180° etwa 1 Stunde schmoren. Mit Salzkartoffeln servieren.

Lammbrust mit Kartoffeln gebraten

Auf dem Bergbauernhof, wo ich als Kind zauberhafte Ferien verbrachte, wurde dieses Gericht zu Kirchweih aufgetischt.

2 große Zwiebeln · 5 Salbeiblätter · 1 Zweig Rosmarin · 3 Knoblauchzehen · 8–10 Wacholderbeeren · Salz · 1 kg Lammbrust, in kleine Stücke gehackt · 2 Eßl. Schweinefett · weißer Pfeffer, frisch gemahlen · ¼ l Wasser · 500 g Kartoffeln
Pro Person etwa 4760 Joule/1130 Kalorien
33 g Eiweiß · 100 g Fett · 25 g Kohlenhydrate

- Vorbereitungszeit: 20 Minuten
- Garzeit: 1 Stunde

So wird's gemacht: Den Backofen auf 200° vorheizen. • Die Zwiebeln schälen und grobhacken. Den Salbei und den Rosmarin waschen, trockentupfen, die Blättchen feinschneiden. Die Knoblauchzehen schälen, mit den Wacholderbeeren und etwas Salz zerdrücken. Das Fleisch waschen, dabei alle Knochensplitter sorgfältig entfernen. • In einer weiten flachen Kasserolle das Fett erhitzen, das Fleisch mit den Zwiebeln und den Gewürzen hineingeben, mit Salz und Pfeffer kräftig würzen. Gut mischen. Das Wasser dazugeben. Im Backofen etwa 30 Minuten braten. • Inzwischen die Kartoffeln schälen, in Stücke schneiden, waschen und zum Fleisch geben. Umrühren und noch etwa 30 Minuten garen. Mit frischem Salat servieren.

Lammbrust mit grünen Bohnen

Lammbrust gehört zu den preiswertesten Stükken vom Lamm.

1 Zwiebel · 2 Gewürznelken · 2–3 Knoblauchzehen · 1 Bund Bohnenkraut · ½ Bund Petersilie · 750 g Lammbrust, in kleine Stücke gehackt · 2 Lorbeerblätter · ¾ l heißes Wasser · 750 g grüne Bohnen · 750 g Kartoffeln · Salz · weißer Pfeffer, frisch gemahlen
Pro Person etwa 3880 Joule/920 Kalorien
30 g Eiweiß · 70 g Fett · 44 g Kohlenhydrate

- Vorbereitungszeit: 15 Minuten
- Garzeit: 1 Stunde 15 Minuten

So wird's gemacht: Die Zwiebel schälen, halbieren und mit den Gewürznelken bestecken. Die Knoblauchzehen schälen, ganz lassen. Das Bohnenkraut und die Petersilie waschen und trokkenschwenken. Das Fleisch waschen, dabei alle Knochensplitter sorgfältig entfernen. • Das Fleisch in eine Kasserolle legen, die Zwiebelhälften, die Knoblauchzehen, 3 Stengel Bohnenkraut und die Lorbeerblätter dazugeben. Mit dem Wasser aufgießen, zugedeckt bei schwacher Hitze etwa 45 Minuten kochen lassen, bis sich das Fleisch vom Knochen lösen läßt. • Inzwischen die Bohnen waschen, putzen und in Stücke brechen. Die Kartoffeln schälen, waschen und in Würfel schneiden. • Das Fleisch aus der Brühe nehmen, das Fett mit einer Kelle abschöpfen. • Die Zwiebel, den Knoblauch, das Bohnenkraut und die Lorbeerblätter entfernen. Das Fleisch herausnehmen und auskühlen lassen. • Die Bohnen und die Kartoffeln in die Brühe geben, mit Salz und Pfeffer würzen und etwa 15 Minuten garen. • Inzwischen das Fleisch entbeinen und in Würfel schneiden. Zum Gemüse geben und 10 Minuten bei schwacher Hitze mitkochen lassen. Das restliche Bohnenkraut und die Petersilie feinhacken. Vor dem Servieren unter den Eintopf mischen.

Mein Tip Weil gerade Lammfleisch ganz heiß besonders gut schmeckt, ist es empfehlenswert, die Teller vorzuwärmen.

Hammelragout mit Weißkohl

Das Gericht stammt aus der Schweiz und heißt dort »Urner Häfelichabis«.

750 g Hammelbrust oder -hals, in gleich große Stücke gehackt · 2 Zwiebeln · 3 Knoblauchzehen · 1 Weißkohl mittlerer Größe (etwa 900–1000 g) · 1 Bund Petersilie · 2 Eßl. Schweinefett oder Margarine · 2 Lorbeerblätter · Salz · Pfeffer, frisch gemahlen · 1 Teel. Kümmel · 2 Tassen Würfelbrühe

Pro Person etwa 3620 Joule/860 Kalorien
27 g Eiweiß · 77 g Fett · 15 g Kohlenhydrate

- Vorbereitungszeit: 20 Minuten
- Garzeit je nach Fleischqualität: 1½–2 Stunden

So wird's gemacht: Das Fleisch waschen, dabei alle Knochensplitter sorgfältig entfernen. Die Zwiebeln schälen und in Ringe schneiden. Die Knoblauchzehen schälen und feinhacken. Den Weißkohl von den schlechten äußeren Blättern befreien, den Strunk abschneiden. Den Kohlkopf achteln, dabei die restlichen Strunkteile keilförmig herausschneiden. Die Petersilie waschen, trockenschwenken und feinhacken. • In einer Kasserolle das Fett erhitzen. Die Fleischstücke auf allen Seiten gut anbraten. Die Zwiebeln, den Knoblauch, die Lorbeerblätter und das Kraut dazugeben. Mit Salz, Pfeffer und dem Kümmel würzen. Gut mischen, dann 5 Minuten unter Rühren braten. Die Brühe angießen. • Zugedeckt bei schwacher Hitze etwa 1½ Stunden garen. Mit Petersilie bestreuen und zu Salzkartoffeln servieren.

Mein Tip Man kann auch 300 g Hammelfleisch und 500 g Schweinerippchen verwenden. Dann löst man vor dem Servieren das Fleisch von den Knochen und mischt es unter den Eintopf.

Ente mit Bohnen

250 g getrocknete weiße Bohnen · 1 kleine bratfertige Ente (1000–1200 g) mit Entenklein · 3 Eßl. Öl · je ½ Teel. getrockneter Thymian und Majoran · 1¼ l Wasser · 2 Stangen Lauch · 2 Zwiebeln · 1 Eßl. Mehl · 1 Tasse kräftiger Rotwein · 1 Eßl. Tomatenmark · je 1 Messerspitze scharfer Paprika und Zucker · 1 Bund Petersilie · Salz · schwarzer Pfeffer, frisch gemahlen
Pro Person etwa 4440 Joule/1055 Kalorien
70 g Eiweiß · 64 g Fett · 44 g Kohlenhydrate

- Quellzeit: 12 Stunden
- Vorbereitungszeit: 10 Minuten
- Garzeit: 1 Stunde 30 Minuten

So wird's gemacht: Die Bohnen 12 Stunden – am besten über Nacht – in reichlich Wasser einweichen. • Dann in einem Sieb abtropfen lassen. • Die Ente in 8 Stücke teilen, waschen, dabei von allen Knochensplittern sorgfältig befreien, abtrocknen. Das Entenklein waschen und trockentupfen. • In einer Kasserolle 2 Eßlöffel Öl erhitzen. Die Ententeile, den Magen und das Herz rundherum anbraten. Die Bohnen und die Gewürzkräuter dazugeben. Das Wasser angießen. • Zugedeckt so lange bei schwacher Hitze kochen lassen, bis sich das Fleisch vom Knochen lösen läßt. Das dauert etwa 1 Stunde. Dann das Fleisch herausnehmen, entbeinen und in gleichmäßige Stücke schneiden. Die Bohnen weiterkochen lassen. • Vom Lauch den Wurzelansatz, die welken Außenblätter und das Grüne entfernen. Den Lauch längs durchteilen, unter fließendem Wasser waschen, dann in fingerbreite Stücke schneiden. Die Zwiebeln schälen und kleinhacken. • In einer Kasserolle das restliche Öl erhitzen, die Zwiebeln und den Lauch bei mittlerer Hitze 5 Minuten anbraten, mit dem Mehl bestäuben. Den Wein mit dem Tomatenmark, dem Paprika und dem Zucker verrühren, zum Gemüse gießen, umrühren, kurz aufkochen lassen, dann mit den Bohnen mischen. 20–30 Minuten zugedeckt bei schwacher Hitze weitergaren. • Die Entenleber waschen, trockentupfen und zerkleinern. Die Petersilie waschen, trockenschwenken und kleinhacken. • Kurz vor Ende der Garzeit das Fleisch und die Leber mit den Bohnen mischen. Mit Salz und Pfeffer würzen. Die Sauce, falls nötig, bei starker Hitze unter Rühren eindicken lassen. Das Gericht mit der Petersilie bestreuen. Sehr heiß mit Weißbrot servieren.

Römisches Hühnerragout

Bild 3. Umschlagseite

1 Zwiebel · 2 Karotten (Möhren) · 2 Stangen Bleichsellerie oder 1 Stück Sellerieknolle · 50 g Speck · 20 g Butter oder Schweineschmalz · 1 Brathuhn (1200 g) · 1 Bund Petersilie · 1 kleine Dose Tomaten (500 g) · ½ Teel. getrockneter Majoran · Salz · schwarzer Pfeffer, frisch gemahlen
Pro Person etwa 2300 Joule/555 Kalorien
64 g Eiweiß · 26 g Fett · 11 g Kohlenhydrate

- Vorbereitungszeit: 20 Minuten
- Garzeit: 30 Minuten

So wird's gemacht: Die Zwiebel schälen, die Karotten schaben, die Selleriestangen putzen (das Knollenstück schälen), waschen und trockentupfen. • Das ganze Gemüse mit dem Speck zusammen sehr fein hacken oder -wiegen. • In einer Kasserolle das Fett erhitzen, das Feingehackte bei schwacher Hitze 10 Minuten darin braten. • Das Huhn in 8 Stücke teilen, waschen, dabei alle Knochensplitter sorgfältig entfernen, die Stücke abtrocknen. • Die Petersilie waschen, trockenschwenken und kleinschneiden. • Die Hühnerteile zum Gemüse in die Kasserolle legen. Bei starker Hitze von allen Seiten kurz anbraten. • Die Tomaten in der geöffneten Dose mit einer

Gabel zerdrücken und mit etwas Saft in die Kasserolle geben. Mit den Kräutern, Salz und Pfeffer würzen. Zugedeckt bei schwacher Hitze in etwa 30 Minuten garen. • Mit Reis und frischem Salat servieren.

Mein Tip Man kann auch Kalbsbrust oder -hals, in Ragoutstücke gehackt, gut nach diesem Rezept zubereiten.

Kalbskopf in Tomatensauce

Kalbskopf ist preiswert und sehr vielseitig zu verwenden.

2 Zwiebeln · 3 Gewürznelken · 2 Karotten · 1 Petersilienwurzel · ½ kleine Sellerieknolle · ½ Kalbskopf · Salz · 1 kleine Dose Tomaten (400 g) · 5 Eßl. Öl · 1 Eßl. Kapern · schwarzer Pfeffer, frisch gemahlen · 1 Bund Petersilie · 4 frische Salbeiblätter · Schale von ½ ungespritzten Zitrone

Pro Person etwa 2700 Joule/640 Kalorien
32 g Eiweiß · 32 g Fett · 57 g Kohlenhydrate

- Vorbereitungszeit: 45 Minuten
- Garzeit: etwa 1 Stunde 30 Minuten

So wird's gemacht: 1 Zwiebel schälen und mit den Gewürznelken bestecken. Die Karotten und die Petersilienwurzel schaben. Den Sellerie schälen. Das Gemüse grob zerkleinern. • Den Kalbskopf putzen, mit Wasser bedeckt aufkochen lassen, dann unter fließendem Wasser gründlich spülen. • Mit frischem Wasser aufsetzen, salzen. Das Gemüse dazugeben. Zugedeckt so lange kochen lassen, bis sich das Fleisch vom Knochen lösen läßt. Das dauert je nach Fleischqualität 1–1½ Stunden. • Inzwischen die zweite Zwiebel schälen und feinhacken. In einer Kasserolle das Öl erhitzen, die Zwiebel leicht anbraten. Die Tomaten mit einem Löffel aus der Dose nehmen und durch ein Sieb passieren, mit den Kapern in die Kasserolle geben. Mit Salz und Pfeffer würzen. Zugedeckt langsam eindicken lassen. • Sobald der Kalbskopf gar ist, das Fleisch auslösen, in mundgerechte Stücke schneiden. In der Sauce 10 Minuten ziehen lassen. • Inzwischen die Petersilie und die Salbeiblätter waschen, trockentupfen und mit der Zitronenschale zusammen feinhacken. Das Gemisch vor dem Servieren über das Gericht streuen. Dazu passen Salzkartoffeln oder Weißbrot mit frischem Salat.

Variante: Kalbskopf paniert
Das gekochte Fleisch in möglichst großen Stükken ablösen, diese gleichmäßig zuschneiden, etwas nachsalzen, in Mehl, Ei und Semmelbröseln wenden und in genügend Fett goldbraun braten. Mit Kartoffelsalat servieren.

Variante: Gekochter Kalbskopf
Das Fleisch auslösen und zurechtschneiden. Mit in Butter gerösteten Semmelbröseln, geriebenem Meerrettich und Schnittlauchröllchen bestreut heiß servieren.

Variante: Kalbskopf als Vorspeise
Das Fleisch auslösen, in Streifen schneiden, mit Essig, Öl, Salz, Pfeffer und geriebenem Meerrettich würzen.

Schweinezunge mit Meerrettich

2 Schweinezungen (etwa 750 g) · Salz · ¼ kleine Sellerieknolle · je 2 mittelgroße Petersilienwurzeln und Karotten · 1 Stange Lauch · 1 Zwiebel ·

500 g kleine Kartoffeln · 1 Lorbeerblatt · weißer Pfeffer, frisch gemahlen · 2 Eßl. geriebener Meerrettich
Pro Person etwa 2360 Joule/560 Kalorien
33 g Eiweiß · 35 g Fett · 30 g Kohlenhydrate

- Vorbereitungszeit: 15 Minuten
- Garzeit: 1 Stunde

So wird's gemacht: Die Zungen unter fließendem Wasser waschen und die Oberseite abbürsten. In einen Topf mit kochendem, leicht gesalzenem Wasser geben und zugedeckt etwa 30 Minuten bei schwacher Hitze kochen lassen. • Inzwischen den Sellerie schälen, waschen. Die Petersilienwurzeln und die Karotten schaben, waschen. Das ganze Wurzelgemüse in Streifen schneiden. Vom Lauch die dunkelgrünen Teile und den Wurzelansatz entfernen. Die Stangen längs durchteilen und unter fließendem Wasser gründlich waschen, dann in 2 cm breite Stücke schneiden. Die Zwiebel schälen und in Ringe schneiden. Die Kartoffeln schälen, waschen und vierteln. • Alles Gemüse und das Lorbeerblatt zu den Zungen in den Topf geben. Mit Salz und Pfeffer würzen. Zugedeckt mit den Zungen in 30 Minuten weich kochen. • Sobald diese gar sind, herausnehmen, kurz in kaltes Wasser legen, dann enthäuten, in Würfel schneiden und im Kochsud kurz ziehen lassen. • Den Inhalt der Kasserolle auf ein Sieb schütten. Das Fleisch und das Gemüse gleichmäßig auf vorgewärmte Teller verteilen, mit etwas Kochsud begießen und mit dem Meerrettich bestreuen.

Variante: Schweinezunge in Paprikasauce
Dem Salzwasser 1 Lorbeerblatt, 1 Zweig Rosmarin oder ½ Teelöffel getrockneten Thymian und 2 Gewürznelken zugeben, darin die Zungen weich kochen. In kaltem Wasser abschrecken. Schälen und in Würfel schneiden. 1 Eßlöffel Mehl in 1 Eßlöffel Butter oder Margarine leicht anbraten. 1 Eßlöffel edelsüßen Paprika unterrühren. Mit ¼ l Zungenbrühe, verrührt mit 1 Eßlöffel Tomatenmark, aufgießen. 1 feingehackte Essiggurke und 1 Eßlöffel Kapern dazugeben. Mit Salz, frisch gemahlenem Pfeffer, 1 Prise Zukker und Zitronensaft abschmecken. Die Zungenwürfel darin 10 Minuten ziehen lassen. Dazu paßt Reis.

Variante: Schweinezungenragout
Dem Salzwasser 1 Bund Suppengrün, 1 Lorbeerblatt, 2 Gewürznelken und 5 Pfefferkörner zugeben. Die Zungen darin weich kochen. 1 Eßlöffel Mehl in 1 Eßlöffel Butter oder Margarine anbraten. Mit ¼ l Zungenbrühe aufgießen. 5 Minuten schwach kochen lassen. 100 g geputzte, in Scheibchen geschnittene Champignons und die würfelig geschnittenen Zungen 10 Minuten in der Sauce bei schwacher Hitze leicht kochen lassen. Dann den Topf vom Herd nehmen. 1 Eigelb mit 6 Eßlöffeln Sahne verrühren, unter die Sauce ziehen. Mit Salz, frisch gemahlenem Pfeffer und Zitronensaft abschmecken. Mit gehackter Petersilie bestreut servieren.

Geschmortes Herz

1 Kalbsherz (600 g) · 2 Zwiebeln · 2 Karotten · 1 Petersilienwurzel · ¼ kleine Sellerieknolle · 4 Sardellenfilets · 1 Eßl. Butter oder Margarine · 1 Lorbeerblatt · 1 Teel. edelsüßer Paprika · Salz · 2 Teel. Tomatenmark · 1 Tasse trockener Weiß- oder Rotwein · 2 Eßl. Sahne · schwarzer Pfeffer, frisch gemahlen
Pro Person etwa 1210 Joule/290 Kalorien
20 g Eiweiß · 16 g Fett · 11 g Kohlenhydrate

- Vorbereitungszeit: 30 Minuten
- Garzeit je nach Fleischqualität: 45–60 Minuten

So wird's gemacht: Das Herz aufschneiden, gründlich waschen, dabei von allen Blutgerinnseln sorgfältig befreien, abtrocknen. Die Zwiebeln schälen und in dünne Ringe schneiden. Die Karotten und die Petersilienwurzel schaben, waschen. Den Sellerie schälen und waschen. Das ganze Gemüse in kleine Stifte schneiden. Die Sardellenfilets feinhacken. • In einer Kasserolle das Fett erhitzen, das Herz rundum kräftig anbraten, dann die Hitze verringern. Die Zwiebelringe dazugeben und so lange mitbraten, bis sie gelb sind. Die Gemüsestifte, die Sardellen und das Lorbeerblatt dazugeben. 5 Minuten braten, mit dem Paprika und Salz würzen. • Das Tomatenmark mit dem Wein verrühren und zum Fleisch geben. Zugedeckt bei mittlerer Hitze garen. Das dauert je nach Fleischqualität 45-60 Minuten. Bei Bedarf etwas Wasser angießen. • Das Herz herausnehmen. Das Fett und die Blutgefäße entfernen. Das Fleisch in Scheiben schneiden. Die Sahne unter die Sauce rühren. Das Fleisch kurz darin ziehen lassen. Mit Salz und Pfeffer abschmecken. Mit Nudeln und frischem Salat servieren.

Leber mit Salbei

1 Zwiebel · 8 frische Salbeiblätter · 600 g Leber vom Jungrind · 3 Eßl. Öl · Salz · schwarzer Pfeffer, frisch gemahlen

Pro Person etwa 1310 Joule/310 Kalorien
30 g Eiweiß · 17 g Fett · 10 g Kohlenhydrate

- Vorbereitungszeit: 10 Minuten
- Garzeit: 20 Minuten

So wird's gemacht: Die Zwiebel schälen und feinhacken. Die Salbeiblätter waschen, trockentupfen und kleinschneiden. Die Leber waschen, trockentupfen, von Strängen und Häutchen befreien und in fingerbreite Streifen schneiden. • In einer Kasserolle das Öl erhitzen. Die Zwiebel bei mittlerer Hitze unter Rühren weich braten, sie darf dabei nicht bräunen. Den Salbei und die Leber dazugeben und so lange mitbraten, bis die Leber ihre Farbe verliert. Die Kasserolle vom Herd nehmen. Zugedeckt kurz ziehen lassen, dann mit Salz und frisch gemahlenem Pfeffer würzen. Sofort mit Béchamelkartoffeln (Seite 18) und frischem Salat servieren.

Variante: Leber in Tomatensauce
In 2 Eßlöffeln Öl 1 feingehackte Zwiebel anbraten, mit Salbei würzen und eine kleine Dose Tomaten (400 g) zufügen und eine Sauce kochen. Die Leberstreifen in Öl leicht anbraten, dann kurz in der Sauce ziehen lassen.

Variante: Römische Leber
1 feingehackte Zwiebel in Butter oder Margarine weich braten. Die in Scheibchen geschnittene Leber bei starker Hitze kurz mitbraten. ½ Tasse trockenen Weißwein angießen. Unter Rühren auf ¼ eindampfen lassen. Die Leber salzen und pfeffern. Mit gehackter Petersilie bestreuen.

Mein Tip Sollte die Leber von einem älteren Rind stammen – man erkennt dies an der dunkleren Farbe – kann man sie vor dem Braten 1 Stunde in Milch einlegen und ihr dadurch Bitterstoffe entziehen.

Hausgemachte Spätzle sind nicht nur eine beliebte Beilage. Mit Käse und gebratenen Zwiebelringen und einem Salat dazu werden sie zu einer kompletten Mahlzeit. Rezept Seite 23. ▷

Kaiserschmarren

Bild nebenstehend

50 g Rosinen · 4 Eier · 3/8 l Milch · 2 Eßl. Zucker · 150 g Mehl · 1 Prise Salz · 80 g Butter oder Margarine
Zum Bestreuen: Puderzucker
Pro Person etwa 2050 Joule/490 Kalorien
14 g Eiweiß · 26 g Fett · 48 g Kohlenhydrate

- Vorbereitungszeit: 15 Minuten
- Garzeit: 15 Minuten

So wird's gemacht: Die Rosinen mit heißem Wasser abspülen und trockentupfen. • Die Eier in Eigelbe und Eiweiße trennen. Die Milch, den Zucker und die Eigelbe verquirlen und mit dem Mehl zu einem glatten, nicht zu dickflüssigen Teig verrühren. • Die Eiweiße mit dem Salz zu steifem Schnee schlagen, diesen unter den Teig ziehen. • In einer weiten Pfanne die Butter oder die Margarine erhitzen, den Teig hineingeben, etwas backen lassen, dann mit den Rosinen bestreuen. Sobald die Unterseite fest ist, den Schmarren wenden und bei schwacher Hitze fertigbacken, dabei in kleine Stücke zerreißen. Den Herd abschalten und den Schmarren kurz ausdünsten lassen. Mit Puderzucker bestreuen und mit Kompott oder Preiselbeeren servieren.

Variante: Apfelschmarren
Anstelle der Rosinen feinblättrig geschnittene Äpfel auf den Teig streuen, mit etwas Zucker bestreuen und den Schmarren nach Rezept fertigbacken.

◁ Nach dem Rezept auf dieser Seite können Sie den Kaiserschmarren spielend und im Handumdrehen zubereiten. Appetitlich goldbraun muß er aussehen und unbedingt mit Kompott serviert werden.

Variante: Heidelbeerpfannkuchen
Den Teig mit etwas mehr Mehl dicker zubereiten, 250 g Heidelbeeren untermischen. Mit einem Eßlöffel kleine Pfannkuchen in das heiße Backfett gießen, dabei etwas Abstand halten, damit sie nicht zusammenbacken. Auf beiden Seiten goldgelb backen. Mit Zucker bestreut servieren. Auch tiefgefrorene Beeren, leicht aufgetaut, kann man verwenden.

Hollerstrauben

Man kennt sie in Österreich auch als Hollerscheberl oder Hollerküchl. Sie wurden in manchen Gegenden zur Sommersonnenwende als Festgebäck zubereitet.

100 g Mehl · 1 Tasse Milch · 1 Eßl. Öl · 1 Ei · 1 Prise Salz · 12 Holunderblütendolden · etwa 500 g Backfett · 2 Eßl. Zucker · 1 Teel. Zimt
Pro Person etwa 1660 Joule/395 Kalorien
4 g Eiweiß · 30 g Fett · 27 g Kohlenhydrate

- Vorbereitungszeit: 10 Minuten
- Quellzeit: 30 Minuten
- Garzeit insgesamt: 25 Minuten

So wird's gemacht: Das Mehl mit der Milch, dem Öl, dem Ei und dem Salz schnell zu einem glatten Teig verrühren. Diesen 30 Minuten ruhen lassen. • Inzwischen die Blütendolden kurz kalt abbrausen und auf einem Küchentuch abtropfen lassen. Das Backfett in einem großen Topf oder einer Friteuse erhitzen, die Blüten am Stielende halten, einzeln in den Ausbackteig eintauchen, dann im heißen Backfett 1–2 Minuten goldgelb backen. Auf Küchenkrepp abtropfen lassen, auf eine vorgewärmte Schüssel geben und im Backrohr so lange warm halten, bis alle Blüten ausgebacken sind. Den Zucker mit dem Zimt verrühren und die Hollerstrauben vor dem Servieren mit dem Gemisch bestreuen.

Grießauflauf

¾ l Milch · 1 Prise Salz · 150 g Grieß · Schale von ½ unbehandelten Zitrone · 4 Eier · 50 g Butter oder Margarine · 100 g Zucker
Für die Form: Butter oder Margarine
Pro Person etwa 220 Joule/530 Kalorien
17 g Eiweiß · 23 g Fett · 61 g Kohlenhydrate

- Vorbereitungszeit: 30 Minuten
- Backzeit: 45–50 Minuten

So wird's gemacht: Die Milch mit dem Salz zum Kochen bringen. Den Grieß langsam unter Rühren einrieseln lassen, bei schwacher Hitze zu einem dicken Brei einkochen, dann in einer Schüssel auskühlen lassen. • Inzwischen die Zitrone

Das Trennen von Eigelb und Eiweiß.

schälen und die Schale feinhacken. Die Eier in Eigelbe und Eiweiße trennen. Die Butter oder die Margarine mit dem Zucker, der Zitronenschale und den Eigelben schaumig rühren. • Den Backofen auf 200° vorheizen. • Den Grießbrei mit der Schaummasse gut vermengen. Die Eiweiße steif schlagen und unter den Grießbrei ziehen. • Eine feuerfeste Form gut mit Butter oder Margarine ausstreichen, die Auflaufmasse einfüllen und glattstreichen. Auf der mittleren Schiene des Backofens 45–50 Minuten backen. Mit Himbeersaft oder Kompott servieren.

Variante: Grießpudding
Die Auflaufmasse in gut gefettete Puddingformen geben und im heißen Wasserbad 40 Minuten garen. Dann stürzen. Dazu Vanillesauce reichen.

Variante: Grießnudeln
Aus ½ l Milch, 180 g Grieß, 1 Prise Salz, 1 Eßlöffel Butter oder Margarine und 1 Eßlöffel Mehl einen dicken Grießbrei kochen. Diesen ausgekühlt zu einer Rolle formen, gleichmäßige Stükke davon abschneiden und zu daumengroßen Nudeln formen. Diese in Ei und Semmelbröseln panieren und in heißem Fett goldbraun backen. Die Nudeln bei Tisch mit Glühwein begießen.

Variante: Grießschnitten
Aus 1 l Milch, 1 Prise Salz, der abgeriebenen Schale von ½ unbehandelten Zitrone, 250 g Grieß und 2 Eßlöffeln Zucker einen dicken Grießbrei kochen. 2 verquirlte Eier unterrühren, auf einer flachen Platte 3 cm dick ausstreichen und 1 Stunde ruhen lassen. Dann in 5 × 7 cm große Schnitten schneiden. 2 Eier mit etwas Milch verquirlen. Die Schnitten in der Eimilch und Semmelbröseln panieren, in heißem Fett auf beiden Seiten goldbraun braten. Mit Zimtzucker bestreut servieren.

Variante: Grießschmarren
Den Grießbrei wie für die Grießschnitten angegeben kochen, mit 2 Eßlöffeln Sultaninen mischen. In heißer Butter oder Margarine unter ständigem Rühren mit einem Bratenwender goldgelb rösten. Mit Zucker bestreuen und mit Kompott servieren.

Scheiterhaufen

5 Brötchen vom Vortag · ⅜ l Milch · 2 Eier · 80 g Zucker · 1 Päckchen Vanillinzucker · abgeriebene Schale von ½ ungespritzten Zitrone · 1 Messer-

spitze Zimt · 500 g Äpfel · 50 g Rosinen ·
1 Eßl. Butter oder Margarine in Flöckchen
Für die Form: Butter oder Margarine
Zum Bestreuen: Puderzucker
Pro Person etwa 2180 Joule/520 Kalorien
13 g Eiweiß · 11 g Fett · 90 g Kohlenhydrate

- Vorbereitungszeit: 30 Minuten
- Backzeit: 35–40 Minuten

So wird's gemacht: Die Brötchen in dünne Scheiben schneiden, in eine Schüssel geben. Die Milch mit den Eiern, dem Zucker, dem Vanillinzucker, der Zitronenschale und dem Zimt verrühren. Die Hälfte davon über die Brötchenscheiben gießen und einziehen lassen. • Die Äpfel waschen, schälen, vierteln, das Kernhaus entfernen. Die Apfelspalten in dünne Scheibchen schneiden. • Die Rosinen kurz mit heißem Wasser abbrausen und trockentupfen. Unter die Äpfel mischen. • Den Backofen auf 200° vorheizen. • Eine Gratinform mit Butter bestreichen. Lagenweise Brot und Äpfel einfüllen, dabei mit dem Brot beginnen und abschließen. Den Auflauf mit dem Rest der Eiermilch begießen. Die Butter- oder Margarineflöckchen darauf verteilen, den Scheiterhaufen auf der untersten Schiene des Backofens 35–40 Minuten backen. Heiß, mit Puderzucker bestreut, servieren.

Mein Tip Man kann 2 Eiweiße zu steifem Schnee schlagen, 2 Eßlöffel Puderzucker unterrühren, bis die Masse glänzt. Damit den fertigen Scheiterhaufen bestreichen. Bei starker Oberhitze rasch bräunen lassen. Anstelle von Äpfeln kann man Rhabarber oder Kirschen verwenden. 2–3 Eßlöffel Mandelstifte, unter das Obst gemischt, machen den Auflauf noch feiner.

Variante: Apfel-Topfenauflauf
Das Brot mit ¼ l Vanillemilch einweichen. 500 g Quark mit 4 Eigelben und 80 g Zucker gut verrühren, dann mit dem eingeweichten Brot mischen. Den Schnee von 4 Eiweißen unterheben. In die gefettete Gratinform geben. Mit der Quarkmasse bedecken. Wie angegeben backen.

Zwetschgenpovesen

Das Rezept stammt von einer böhmischen Köchin, die ihre »Povesen« natürlich nur mit selbstgemachtem Powidl (Pflaumenmus) gefüllt hat.

8 Scheiben weißes Kastenbrot vom Vortag von 1 cm Dicke · Pflaumenmarmelade zum Füllen · ¼ l Milch · 1 Päckchen Vanillinzucker · 2 Eier · Semmelbrösel zum Panieren · 8 Eßl. Backfett · 2 Eßl. Zucker · 1 Eßl. Zimt
Pro Person etwa 3575 Joule/850 Kalorien
8 g Eiweiß · 33 g Fett · 128 g Kohlenhydrate

- Vorbereitungszeit: 20 Minuten
- Backzeit: 30 Minuten

So wird's gemacht: Die Brotscheiben entrinden und halbieren, mit der Marmelade bestreichen und die Hälften paarweise mit der bestrichenen Seite aufeinanderlegen. • In einer Schüssel die Milch mit dem Vanillinzucker verrühren. In einem Teller die Eier verquirlen, in einem zweiten die Semmelbrösel bereitstellen. Die Brotschnitten kurz in die Vanillemilch tauchen, dann in Ei und Semmelbröseln panieren. • In einer weiten Pfanne das Fett erhitzen, die Povesen auf beiden Seiten knusprig backen. Den Zucker und den Zimt mischen und die Povesen damit bestreuen. Mit Kompott servieren.

Variante: Fritierte Povesen
Aus 130 g Mehl, knapp ¼ l Milch und 2 Eiern einen Ausbackteig herstellen. Die Povesen darin

eintauchen und in schwimmendem heißem Fett fritieren. Vor dem Servieren auf Küchenkrepp abtropfen lassen.

Marillenknödel

In meiner Heimat sagt man zu Aprikosen Marillen. Wenn diese nicht mehr auf dem Markt sind, verwendet man für das Rezept Pflaumen, die wiederum Zwetschgen heißen.

500 g Aprikosen · 500 g mehlige Kartoffeln · 30 g Grieß · 30 g Butter oder Margarine · knapp ½ Teel. Salz · 1 Ei · 100 g Mehl
Zum Wälzen: 50 g Butter oder Margarine · etwa 100 g Semmelbrösel
Zum Bestreuen: Puderzucker
Pro Person etwa 3770 Joule/900 Kalorien
27 g Eiweiß · 20 g Fett · 152 g Kohlenhydrate

- Vorbereitungszeit: 1 Stunde
- Garzeit: 20 Minuten

So wird's gemacht: Die Aprikosen waschen und abtropfen lassen. • Die Kartoffeln gründlich waschen und am besten in einem Dampfeinsatz über Wasser zugedeckt bei schwacher Hitze garen. Das Wasser abgießen, die Kartoffeln im offenen Topf noch etwa 2 Minuten ausdämpfen lassen, dann schälen und durch die Kartoffelpresse drücken. Locker auf eine Arbeitsplatte streuen, auskühlen lassen. Dann zu einem Hügel zusammenschieben, in diesen eine Mulde drükken, den Grieß, die Butter oder die Margarine, das Salz, das Ei und das Mehl hineingeben und alles möglichst rasch zu einem glatten Teig verarbeiten. • Den Teig 5 mm dick ausrollen, Quadrate je nach Größe der Früchte zuschneiden. In jedes Quadrat 1 Aprikose geben. Den Teig beutelartig schließen und mit den Händen Knödel formen. • In leicht sprudelndes Salzwasser einlegen und etwa 10 Minuten mehr ziehen als kochen lassen. Dann mit dem Schaumlöffel herausnehmen und abtropfen lassen. • Inzwischen in einer Pfanne die Butter oder Margarine leicht erhitzen, die Semmelbrösel darin goldbraun braten. Die Knödel in den Bröseln wälzen. Mit Puderzucker bestreut servieren.

Mein Tip Der Kartoffelteig soll nicht zu lange bearbeitet werden, sonst wird er zäh. Abgelagerte Kartoffeln eignen sich besser als erntefrische Ware. Man kann die Aprikosen (oder Pflaumen) entsteinen und anstelle des Steins ein Stück Würfelzucker in die Früchte stecken.

Variante: Marillen- oder Zwetschgenknödel aus Quarkteig
Dazu werden 60 g Butter mit etwas abgeriebener ungespritzter Zitronenschale und 1 Prise Salz glattgerührt, dann mit 250 g ausgepreßtem Magerquark und 170 g Mehl zu einem Teig verarbeitet. Nach 30 Minuten Ruhezeit im Kühlschrank nach dem Rezept weiterverarbeiten.

Dörrpflaumen mit Schlagsahne

24 große ungeschwefelte Dörrpflaumen · 3 Gewürznelken · ½ Zimtstange · 1 Stück unbehandelte Zitronenschale · knapp 1 Eßl. Zucker · etwa ¼ l Rotwein · ¼ l Sahne · 1 Päckchen Vanillinzucker
Pro Portion etwa 1800 Joule/430 Kalorien
3 g Eiweiß · 20 g Fett · 48 g Kohlenhydrate

- Zubereitungszeit: etwa 1 Stunde

So wird's gemacht: Die Pflaumen waschen und mit den Gewürzen und dem Zucker in eine kleine Kasserolle geben. So viel Wein angießen, daß die Früchte davon bedeckt sind, und die Pflaumen bei schwacher Hitze etwa 30 Minuten darin köcheln lassen. • Das Kompott auskühlen, dann in einem Sieb gut abtropfen lassen (dabei den Saft auffangen und anderweitig verwenden). Die Gewürze entfernen. • Die Sahne mit dem Vanillinzucker steif schlagen. Die Hälfte davon in vier Schälchen verteilen. • Je 6 Pflaumen kreisförmig darauf anordnen. Die restliche Sahne mit dem Spritzbeutel in der Mitte als Rosette daraufsetzen.

Gebackene Mäuse

Für uns Kinder war es immer ein Fest, wenn Mutter dieses Hefegebäck auf den Tisch brachte. Die kleinen Krapfen schmecken nicht nur ausgezeichnet, sie schauen Mäusen tatsächlich verblüffend ähnlich.

400 g Mehl · 20 g Hefe · etwa ¼ l lauwarme Milch · 40 g Zucker · 40 g Butter oder Margarine · 2 Eßl. Rum · 1 Prise Salz · 2 Eigelbe
Zum Ausbacken: Butterschmalz
Pro Person etwa 1870 Joule/445 Kalorien
13 g Eiweiß · 3 g Fett · 87 g Kohlenhydrate

- Vorbereitungszeit: 30 Minuten
- Ruhezeit: etwa 1 Stunde
- Backzeit: 30 Minuten

So wird's gemacht: Das Mehl in eine Schüssel sieben. In die Mitte eine Mulde drücken und die Hefe hineinbröckeln. Die Hälfte der Milch und 1 Teelöffel Zucker mit der Hefe und etwas Mehl zu einem Vorteig verrühren. Diesen mit Mehl bestreuen und so lange stehenlassen, bis die Oberfläche Risse zeigt. • Die Butter oder Margarine in einem Pfännchen schmelzen lassen. Dann die zweite Hälfte der Milch, den Rum, das Salz, den restlichen Zucker, die Eigelbe und die geschmolzene Butter oder Margarine mit dem Vorteig und dem Mehl zu einem glatten Hefeteig verarbeiten. Zugedeckt so lange gehen lassen, bis sich sein Volumen verdoppelt hat. • Das Butterschmalz erhitzen. Mit einem Eßlöffel, den man zuvor in das heiße Backfett getaucht hat, Krapfen abstechen und schwimmend goldgelb backen. Mit dem Schaumlöffel herausnehmen und auf Küchenkrepp abtropfen lassen. Man ißt die Krapfen warm und reicht Kompott oder Fruchtsaft dazu.

Rezept- und Sachregister

Kursiv gesetzte Seitenzahlen verweisen auf Farbbilder

Rezept- und Sachregister

Das römische Hühnerragout (Rezept Seite 43) erhält sein besonderes Aroma durch Gemüse, Speck und die pikante Tomatensauce. ▷